似是而非惹的祸

——常见语病治疗

郝 红 编著

贵州出版集团

贵州人民出版社

出版说明

兴趣是最好的老师,知识的学习更是如此。如果学习者缺乏兴趣,阅读就将是一个枯燥无味的过程,轻松快乐的学习也就无从谈起。基于这样的事实,本着"兴趣阅读、快乐学习"的理念,我们经过深入调研,与国内的众多专家学者及一线教师全力合作,为所有希望将学习变得轻松愉快的朋友奉献上"快乐阅读"书系。

"快乐阅读"书系,以知识的轻松学习为核心,强调阅读的趣味性。它力求将各种枯燥无味的知识以轻松快乐的方式呈现,让读者朋友便于理解接受。它的各种努力,只有一个目标,即力图将知识学习过程轻松化、趣味化。读者朋友在阅读过程中,既能保持心情愉快,又能学有所得。在轻松愉快的氛围中学习,让知识学习成为读者朋友的兴趣,本身就是提高学习效率最有效的途径。

"快乐阅读"书系首批图书分为"语文知识"、"作文知识"、"数学知识"、"文学导步"、"文学欣赏"、"语言文化"、"个人修养"七大板块,各个板块之下又有细分。英语、生物、化学等相关的知识板块将会在以后陆续推出。针对不同学科知识的特点,本书系以不同的方式来达到轻松快乐的目的。要么是以故事的形式,在故事的展开之中融入相关知识;要么是理清该知识点的背景,追根溯源,让读者朋友知其然,更知其所以然,让理解更为轻松。总而言之,就是以最恰当的方式呈现相关的知识。

希望这套"快乐阅读"书系能陪伴每一位读者朋友度过美好的阅读时光。

编　者

2014 年 5 月

目　录

似是而非惹的祸——常见语病治疗

开场白

常听人说:什么都可以有,唯独不能有病! 这话什么意思? 显然得了病绝不是什么好事,不仅意味着将面临经济上的压力,还要饱受病痛的折磨。同理,如果我们说话不注意,出现了"语病",那不仅会让人啼笑皆非,有可能还会因此招惹麻烦。古训"祸从口出,言多必失",或许就是这么来的。

那么,何为语病呢? 语病,就是指语文中措词失当或不合逻辑而造成的表意不清甚至错误的毛病。

所谓病句,就是指不合规范的句子。所谓规范,一是要符合语法的组合规则;二是要符合语义的搭配要求;三是要符合语用的表达习惯。

也就是说,病语作为一种反例,能够比较直观地反映所谓"语言规范"的具体要求。宋代欧阳修《六一诗话》说:"诗人贪求好句,而理有不通,亦语病也。如'袖中谏草朝天去,头上宫花侍宴归',诚为佳句矣,但进谏必以章疏,无有用稿草之理。"明胡应麟《诗薮·六朝》:"休文'夕行闻夜鹤,晨征听晓鸿',当句自犯,尤为语病。"再如鲁迅《热风·估〈学衡〉》:"《渔丈人行》的起首道:'楚王无道杀伍奢,覆巢之下无完家。'这'无完家'虽比'无完卵'新奇,但未免颇有语病。"

如此种种让我们明白一个道理,要想成为一个能说话、会说话的人,不但说出来的话要有水准,还要不带"病"哦。

那么,你想知道什么是语病吗? 你想知道语病有什么危害吗? 你想知道日常生活中自己都因口出语病而被大家调侃,并对我们的日常生活会造成什么影响吗? 同时,你想在寓意深远而又轻松愉快的阅读中把教

科书上的知识铭记于心吗？你想在潜移默化中达到提升知识修养的目的、避免因似是而非的用语而贻笑大方吗？如果想，那还等什么？快跟我一起快乐阅读，治疗语病吧！

第一章

违反结构规则——语法病句

语法，就是语言的全部法则。

语法病句则是指没有满足语法规律而形成的语句。

语法病句涉及的是语法方面是否符合规范要求的语句。

当我们选择词法和句法结构组成语句时，就必须按照语言系统所规定的方式来进行使用，只要有一种具体的规范没有满足，语句的正确性就会受到影响，最终导致语病。

本卷将从词序不当、结构混乱、成分残缺或赘余等三个方面进行解析与阐述。

一 语序不同 意境迥异

我们都知道，凡事都要讲个秩序。写文章也不例外，也需要将文字进行有序的排列，加以舒展。只有恰当的语序排列，才能让读者顺畅地理解其文章的主旨及中心思想，如果词句拐弯抹角地让人不知所云，那就让人失去阅读的欲望了。

对于语序，其详解为：语言里语素、词、短语进行组合的次序。语序是指汉语中词语的排列顺序，它既反映了一定的语言习惯，又体现着事

似是而非惹的祸——常见语病治疗

物之间的逻辑关系。

语序是汉语组合的主要手段。一方面,如果语序混乱,便会引起词语关系不明、语意表达不清;另一方面,当语序发生变化时,句子的语义往往会跟着发生变化,语言的表达效果也会有明显的不同。

下面,我们就一起来看看几则因语序不同,结果截然不同的经典实例。

【例1】:近代天津一位学者所撰《丧礼杂说》中,有这样一个故事:旧时挽词中有"德配孟母"句,专门用于老夫人,意为死者的德性比得上择邻教子的孟子之母。

有某人在送人的幛子上写的却是"母配孟德"。孟德,人所共知是曹操的名字,"母配孟德",岂不是说老夫人与曹操婚配么?

通过上例,我们可以看出,如果不了解词语的含义而盲目调换语序使用,有时也会闹出笑话。

但经过语序的调整,变为佳话的也有。我们再看一例:

【例2】:国民党元老于右任是大诗人、大书法家,当时许多人都以得到他的片纸只字为荣。有一次他挥毫写了"不可随处小便"六个大字。有人拿去经过剪裁、调整,装裱成"小处不可随便"的一帧条幅。于老看后惊讶不已,拍案叫绝。原来难登大雅之堂的六个字,竟然变成浑然一体、天衣无缝的警世格言,一时传为民间佳话。

当然,无论是古代还是近代,以故意颠倒语序的手段来达到某种目的的也不乏其人。再看下面两例:

【例1】：从前有位新到任的县令,见前任在一件积案上批了"查无实据,事出有因"八字。这位县令明知此命案涉及名门望族,为了逃避责任,他把批语颠倒为"事出有因,查无实据"上报,结果使案件不了了之。

【例2】：云南解放前夕,90多名爱国民主人士被沈醉逮捕,正准备起义的卢汉将军拍电报给蒋介石,为这些人求情。蒋介石回电只八个字:"情有可原,罪不可逭。"意思为,按情理,有可原谅的地方,但罪责不可逃避。

李根源先生是一个睿智超凡的人,一看这回电可作文章,便把电文顺序一颠倒,改为"罪不可逭,情有可原",语序一变,意思也就截然不同了,电文的意思就变成了:虽然罪责不可逃避,但按情理,有可原谅的地方。经聪明人一改变语序,入狱的爱国民主人士便得救了。

从以上实例来看,可以说在一切影响句型的因素中,影响最大的因素莫过于语序的变化。语序是现代汉语中表达语法关系的一种最为重要的语法手段。根据语序的变动,可组成意义不同的词组、句子。

如:"学习汉语"和"汉语学习"词语相同,语序不同,表达的意思也就不相同了。

还有一个典型的例子:在许多茶馆里,我们不难看到很多茶杯盖上都印着"可以清心也"字样,五个字排成了一个圆形。这五个字无论你怎么读,正着读还是倒着读,都是一句意思不同的话,朋友们,不妨你们试试读读看!

正着读,倒着读解析出来就是:可以清心也;以清心也可;清心也可以;心也可以清;也可以清心……

中国字真是博大精深,这五个字无论你怎么读,怎么理解,得到的都

是一种闲情逸致,品茗清心的感觉。是不是很有意思啊?

通过以上的例子,都充分说明语序在汉语中具有十分重要的作用。

语序的类型,古汉语的语序和现代汉语有很多相同的地方,句子六种成分的位置基本是相同的,可以表示为:

〔状语〕,(定语)主语‖〔状语〕谓语〈补语〉(定语)宾语。

那么,什么又叫语序不当呢?语序不当即为:由于语言的先后顺序不符合语法规律,该放在前面的单句成分被放到了后面,该放在后面的单句成分被放到了前面,或者本来应该修饰甲中心语的修饰成分被用来修饰乙中心语了,从而使得单句的意思表达不清楚或者产生歧义甚至产生逻辑混乱的错误。

句子中各个成分的顺序同全句的意义具有直接的关系,每个词语在句子中都有一定的位置,表达一定的关系,不能随意安排。否则,语序不当就会造成病句。

这些概念性的东西是不是很难理解?我们还是通过病例将"语序不当"的主要类型加以解析,以便大家更好地掌握与避免因语序不当而造成的混乱和错误。

(一)多重定语语序不当

多重定语是指一个中心语前同时有几个定语来加以修饰的情况。

多重定语一般规律是:表示领属或时间、处所的定语离中心词最远;其次是表示中心词"怎么样的"动词、动词性短语;再次是表示中心词"什么样的"形容词、形容词短语;离中心词最近的是表示"性质的"名词或名词短语。

【病例 1】:

迟到的理由

一女工慌忙地跑进办公室,老板问:"你怎么迟到了?"

她解释道:"我刚才坐车时,在路上遇到了一场惊险,那是一场突发的流了好多血的两车相撞的发生在大街上的伤了许多人的重大车祸,一男的被甩出车外,幸亏我学过外科急救。"

老板:"哦,你去救人了?值得表扬!那你是怎么处理的?"

她惊恐地说:"我坐在地上,头趴在膝盖上,才没被吓昏过去。"

老板:"你?"女工没吓昏,老板气昏了。(笑话改编)

【诊断与治疗】: 多项定语的语序一般是:领属性词 + 数量 + 动词(短语)+ 形容词 + 名词 + 中心词。

从例句中员工说的"我刚才坐车时……那是一场突发的流了好多血的两辆车相撞的发生在大街上的伤了许多人的重大车祸"来看,中心语是"车祸",在中心语"车祸"前一共有七个定语:

表数量的定语"一场";

表事态的定语"突发的";

表形态的定语"流了好多血的";

表怎样的定语"两车相撞的";

表程度的定语"伤了许多人的";

表地点的定语"发生在大街上的";

表性质的定语"重大"。

这七个定语分别修饰、限制中心语"车祸"。

对多层定语,在排列上,必须要注意一个先后顺序的问题,如果语序

似是而非惹的祸——常见语病治疗

不当,将有可能引起歧义。

我们来分析下这一病例,按照常理来说,描述事件发生的正确顺序应该是:

突发的→发生在大街上的→一场→两车相撞的→伤了许多人的→流了好多血的→重大→车祸

按照上面的排序与分析,显然女工的描述属于"多层定语语序不当"的语病。因为,"两车相撞的"属于表怎样的定语。"一场"属于表数量的定语,应该放到"两车相撞"前。同时,还没描述"两车相撞"及"许多人受伤",就开始"流了好多的血",很明显是由于语序排列不当,造成逻辑上的混乱。

所以,上例的正确描述应改为:"……那是突发的发生在大街上的一场两辆车相撞的伤了许多人的流了好多血的重大车祸。……"

【病例2】:

推荐材料中的语病

为弘扬先进、表彰典型,进一步团结动员广大教职工为中长期教育改革建功立业,某地区决定表彰一批在教育事业中有突出贡献的先进个人。通知要求各单位按照名额要求推荐出本单位教书育人先进个人名单,并附推荐材料。

接到通知后,某学校便推荐了两位语文教师,并在推荐材料中这样写道:"这是两个我们学校的优秀的有三十年教龄的教学经验丰富的语文教师。"(网络文章摘录)

【诊断与治疗】:例句中"教师"前一共有六个定语:"两个"、"我们学校的"、"优秀的"、"有三十年教龄的"、"教学经验丰富的"、"语文"。这六个定语分别修饰、限制中心语"教师"。对于多层定语,在排列上,必须要注意一个先后顺序的问题,否则将有可能引起歧义。

一般来说,按照离中心语"教师"由远到近的顺序,多层定语的语序
应该为:

1. 表领属的定语,即"我们学校";

2. 表数量的定语,即"两位";

3. 表"怎样的"定语,即"有三十年教龄"、"教学经验丰富";

4. 表性质的定语,即"优秀";

5. 表类别的定语,即"语文"。

从病例来看,这一例证经过分析与排列,显然属于"多层定语语序
不当"的语病。

其中,表示数量的定语一般应放在表示领属的定语后,否则,就会产
生歧义,造成多层定语语序不当的错误。如:"两个学校的……教师"例
句中,由于将表达数量的定语"两个"放到了表领属的定语"我们学校"
前,就使得"两个"修饰的不知是"我们学校的",还是"教师",从而产生
了歧义,造成多层定语语序不当的错误。应将"两个"放到"我们学校
的"之后。

另一方面,表性质的"优秀"这个定语,应该放在表"怎样的"后面。
只有表"怎样的"是"有三十年教龄"、"教学经验丰富",才引申出"优
秀"最后以表类别的"语文"限制中心语"教师"。

应把表领属的"我校"移到最前面,将"优秀的"放在"教龄的"之
后。原句应改为"他们是我们学校的两个有三十年教龄的教学经验丰
富的优秀语文教师。"

【病例3】:

"大衣"前面的多个定语

终于看到了她,她的那件粉红色新买的呢格子大衣在人群中格外显
眼。(书籍摘录)

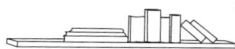

【诊断与治疗】："她的那件粉红色新买的呢格子大衣"到底是一件什么样的大衣啊？正是因为这件"大衣"被太多的定语修饰，而这些定语又没有进行合理的排列，不仅让人看得眼花缭乱，而且排列极为混乱，形成语病。

前面说过，对于多重定语的排列，表示领属关系的词语一般在最前面，与被修饰的中心语意义关联越密切的定语越要靠近中心语。对于一件"大衣"这个中心语而言，与之性状最为密切的修饰性内容依次应该是：质地、花型、颜色、购买时间等。因此，句中涉及的六个修饰成分应该排列为："她的那件新买的粉红色呢格子"。依次来修饰中心语"大衣"。

根据分析的结果，上句应改为："终于看到了她，她的那件新买的粉红色呢格子大衣在人群中格外显眼。"

（二）多重状语语序不当

同多重定语一样，多重状语是指一个中心语前同时有几个状语来修饰中心语的情况。

多重状语按照语法规则和语言习惯，它们的排列顺序一般是：离中心词最远的应该是表示时间的或表示原因、目的的词语；接着是形容词或一般副词；再次是表示地点或方向的词语；离中心词最近的是表示状态的形容词。

【病例1】：

换秘书

一家公司的女秘书上班经常迟到，但都是一个理由：她的表慢了。

一天，她又迟到了，看到老板很生气，她便马上表态："一定要把手表慢的问题用最快的速度处理好。"

老板生气地吼道："如果你再不换你的手表，我就要换我的秘书。"（笑话改编）

【诊断与治疗】：从上例来看，女秘书的表态属于多重状语语序不当的语病。因为，对多层状语，在排列上也有一个先后顺序的问题。按照离中心语"处理好"由远及近的顺序一般是表示方式、技巧的状语"用最快的速度"应放在表示对象的状语"把手表慢的问题"之前。而从上例来看，女秘书的表述恰恰相反。正是因为多重状语语序不当，形成语病。应改为："一定要用最快地速度把手表慢的问题处理好。"

【病例2】：

多重状语语序不当形成纠结

某地，正进行着"交谊舞"大赛的第二轮角逐，现场解说员根据现场角逐情况进行着陆续报道：

五对参赛者就在观众的热烈掌声中，在经过片刻的休整之后，就激烈地向进入第三轮决赛展开了角逐。

组委会决定，陆续从即刻起进行现场打分并公布得分情况。

参赛队员均表示，一定要把第三轮用最完美的表演拿下来。（报纸摘录）

【诊断与治疗】：多层状语的语序一般是：条件＋时间＋处所＋范围或否定＋程度＋情态＋对象＋中心语。按照这样的语序排列，我们一起对上例各分句进行一一诊断与治疗。

第一例句：在"展开"前有五个状语："在观众的热烈掌声中"、

"就"、"在经过片刻的休整之后"、"激烈地"、"向进入第三轮决赛"。这就是多层状语。

对多层状语，在排列上也有一个先后顺序的问题。一般来说，按照离中心语由远及近的顺序，多层状语的语序序一般是：

1. 表时间的状语，即："在经过片刻的休整之后"；

2. 表关联的状语，即："就"；

3. 表方式的状语，即："在观众的热烈掌声中"；

4. 表对象的状语，即："向进入第三轮决赛"；

5. 表情态的状语，即："激烈地"。

其中，表示时间的状语一般应放在表示方式的状语前；表示方式的状语应放在表示对象的状语前；表示对象的状语应放在表情态的状语前，才能循序渐进，引人入胜。否则，就会产生语言表达不通畅，甚至逻辑混乱的现象，造成多层状语语序不当的错误。

像上面例句，二、三、四自然段的句子都有多层状语语序不当的问题。（我们姑且把它们当作例一、例二、例三）其中：

例一：表时间的状语"在经过片刻的休整之后"被放到了表方式的状语"在观众的热烈掌声中"前。（这句话还有定状错位的语法错误："激烈的"本是"角逐"前的定语，却被放到了"向"之前，充当了"展开"的状语。）应改为："五对参赛者在经过片刻的休整之后，就在观众的热烈掌声中向进入第三轮决赛展开了激烈的角逐。"

例二：表方式的状语"陆续"被放到了表时间的状语"从即刻起"前。按照离中心语由远及近的顺序一般是表示情态的状语"陆续"应放在表示时间的状语"即刻起"后。应改为："组委会决定，从即刻起陆续进行现场打分并公布得分情况。"

例三：表对象的状语"把第三轮"被放到了表方式的状语"用最完美的表演"前。按照离中心语"拿下来"由远及近的顺序一般是表示方式、技巧的状语"用最完美的表演"应放在表示对象的状语"把第三轮"前。即改为："参赛队员均表示，一定要用最完美的表演把第三轮拿下来。"

从以上分析来看,上例三句话的语意均未表达清楚,显得逻辑混乱。

【病例3】:

与作家不同的是什么?

与作家不同的是,摄影家们把自己对山川、草木、城市、乡野的感受没有倾注于笔下,而是直接聚焦于镜头。(2004年湖南高考题)

【诊断与治疗】:这是"把"字句使用上的错误。在"把"字句中,否定副词只能放在"把"字前,不能放在"把"字后。这里,"没有"是否定副词,放到了"把"后,因此错。这种错误,也属于多重状语语序不当的语病。应改为:将"没有"移到"把自己……感受"前面。即:"摄影家们没有把自己对山川、草木、城市、乡野的感受倾注于笔下,而是直接聚焦于镜头。"

(三)修饰语与中心语错位

对中心语进行修饰的词句,即为修饰语。修饰语一般在中心语之前,如果修饰语放到了中心语之后,就形成了修饰语与中心语错位的语病。

诊断这种句子的病因,可采用紧缩句子的办法。只留下句子的主干成分,即容易找到病因之所在。

【病例1】:

您自己叫

有一位老师,讲课总是陈词滥调,但他自己感觉良好。一次,正当他讲得不亦乐乎的时候,发现竟然有人在睡觉。于是就很生气地让旁边

的同学把睡觉的同学叫醒。

没想到旁边的学生竟用很不屑的口气说：

"是您的讲课不禁哄得他睡着的,您自己叫啊!"

老师语塞……（笑话改编）

【诊断与治疗】：从上例来看,显然是学生在调侃那种教学水平不高的老师。句中的"不禁"一词,应修饰"睡着",这里让它修饰"哄",造成语序颠倒,层次不清。应把"不禁"移到"睡着"之前。即改为:"是您的讲课哄得他不禁睡着的,您自己叫啊!"

【病例2】：

谓语与定语不能错位

良好的国际收支状况,国家外汇储备充足,对抵御这次国际金融风暴的冲击,发挥了重要的作用。（报纸摘录）

【诊断与治疗】："国家外汇储备充足"中,"充足"属谓语,这里应该与前面"良好的国际收支状况"对称起来使用,将"充足"加个"的",放到"国家外汇储备"前充当定语。变成"充足的国家外汇储备",才能和第一句结构相同。这属于谓语与定语错位。应改为:"良好的国际收支状况,充足的国家外汇储备,对抵御这次国际金融风暴的冲击,发挥了重要的作用。"

【病例3】：

"青少年"怎么修饰"大多数"?

我认为青少年的大多数是好的。（报纸摘录）

【诊断与治疗】：句中的"大多数"一词应修饰"青少年",这里却让

"青少年"修饰"大多数",语序颠倒,形成语病。应该把"青少年"与"大多数"的位置调换一下。即改为:"我认为大多数的青少年是好的。"

【病例 4】:

丈夫的愿望

丈夫对妻子说:"昨天我做了一个梦,梦见上帝说可以满足我一个愿望。"

"哦,那你说了什么愿望?"妻子很感兴趣地问。

"我拿出地球仪,对上帝说我希望世界和平。没想他说太难了,换一个吧。"丈夫回答。

"那后来呢?"妻子追问。

"于是我便拿出你的照片说我想要变漂亮这女人。"

"哦,真的呀?"妻子有些受宠若惊。

"是,但他沉思了一下说:还是拿地球仪让我再看看吧。"(笑话改编)

【诊断与治疗】:可怜的妻子显然是被丈夫调侃了一回。这则笑话的语病你看出来是哪儿了吗?

这则笑话的语病就出在丈夫的"于是我便拿出你的照片说我想要变漂亮这女人。"这句话中,"变漂亮"本来是"这女人"后面的谓语部分,却被放到"这女人"前充当了前面的谓语部分,使得语序颠倒,形成语病。应该把"这女人"与"变漂亮"的位置调换一下,句子就通顺了。即改为:"于是我便拿出你的照片说我想要这女人变漂亮。"

似是而非惹的祸——常见语病治疗

【病例5】：

先"消费信贷"再"助学贷款"

作为一种助学贷款的消费信贷,市场需求的潜力很大。大力发展这项贷款业务,为商业银行开拓信贷市场,培育业务增长点提供了契机。

【诊断与治疗】："助学贷款"属于"消费信贷"的一种,因而应先说"消费信贷",才能说"助学贷款",属于定语与中心语错位语病。应将"消费信贷"提到"助学贷款"前面,改为"作为一种消费信贷的助学贷款……"

【病例6】：

是寒风使人不禁打冷战

迎面吹来的寒风不禁使我打了个冷战。(书籍摘录)

【诊断与治疗】：句中的"不禁"一词,应修饰"打",这里让它修饰"寒风"的谓语"使"。造成语序颠倒,层次不清。应把"不禁"移到"打"之前,即改为:"迎面吹来的寒风使我不禁打了个冷战。"

(四)复句中分句的语序不当

复句,是由两个或两个以上意义相关,结构上互不作句子成分的分句组成。语法上指能分成两个或两个以上相当于单句的分段的句子。

分句,是结构完整而没有完整句调的语法单位。

复句中,如果有一个或几个分句出现了语序不当,便会形成复句中分句语序不当的语病。

分句的次序不当,常出现于递进、承接、因果关系的复句中。

【病例1】：

小美的愿望

语文老师布置了以"我的愿望"为题写一篇作文的家庭作业，于是小美在作文簿里写上了长大后的愿望：

一、我希望能有一个可爱的女儿；

二、我还希望能有一个爱我的丈夫。

结果，老师写了一句评语："请注意先后顺序。"

【诊断与治疗】："我希望……""我还希望……"这两句使用了一般递进常用的关联词"还"，显然这属于递进复句。递进复句是由两个或两个以上的分句相连，后面分句所表示的意思比前面分句更进一层。而分句之间的顺序应相对固定，不能随意变动。

就上例来看，肯定应该是先"有一个爱我的丈夫"，才应该"有一个可爱的女儿"，这是常理。所以，上例属于"复句中分句的次序不当"语病。应将两句语序互换，改为："一、我希望能有一个爱我的丈夫；二、我还希望有一个可爱的女儿。"

【病例2】：

都"一落千丈"了，还叫"停滞不前"？

如果能够学得超过前人，也不要自满自足，夸大自己的成绩，否则就会一落千丈，就会停滞不前。（报纸摘录）

【诊断与治疗】：习惯上总是语意轻的放前面，语意重的放在后面，循序渐进，以增强语意的分量。因此，例句中的"一落千丈"和"停滞不前"应有先后程度的差异。也就是说"停滞不前"与"一落千丈"应调换

位置,才能显示其递进关系,属于次序不当语病。应将"停滞不前"调整到"一落千丈"前面,即改为:"如果能够学得超过前人,也不要自满自足,夸大自己的成绩,否则就会停滞不前,就会一落千丈。"

【病例3】:

继承后才能发扬光大

我们应该继承前人勤学的优良传统。发奋读书,发扬光大!(报纸摘录)

【诊断与治疗】:例句中"继承"传统和把它"发扬光大"是紧密相连的,"发奋读书"则是"继承"和"发扬"传统的实际表现,现在排在中间,把"继承"和"发扬"隔开了,形成不同层次的分句次序排乱,造成语病。同时,"发奋读书"属于多余。继承"勤学"的传统就包含了"发奋读书"的意思。此外,"勤学"改成"勤于学习",在节奏上要更加吻合一些。

全句可改为:"我们应该继承前人勤于学习的优良传统,并且把它发扬光大。"

【病例4】:

应先有"因",后有"果"

此次植树助学公益活动,不仅能加快京郊地区的绿化建设,而且种下的主要是晚秋贡梨的树苗。(2003年北京高考题)

【诊断与治疗】:"不仅……而且……"表示递进关系的。递进关系的复句是后面分句在前面的基础上更进一层。如果没有"种下晚秋贡梨的树苗",何来"加快京郊地区的绿化建设"?所以,应该先说"种下的……树苗",再说"能……建设",方才合理。应把"种下的……树苗"调整到"能……建设"的前面,即:"此次植树助学公益活动,不仅种下的主要是晚秋贡梨的树苗,而且能加快京郊地区的绿化建设。"

【病例5】:

因果颠倒

由于世界性水危机,地表水和地下水遭到不同程度的污染,水质日益恶化。(网络文章摘录)

【诊断与治疗】:水遭到污染,水质恶化,是造成世界性水危机的原因之一,属因果颠倒。应改为"由于地表水和地下水遭到不同程度的污染,水质日益恶化,造成世界性水危机",或"世界性水危机出现的原因,是地表水和地下水遭到不同程度地污染,水质日益恶化"。

(五)关联词位置不当

用来连接两个或两个以上在意义上有密切联系的句子,表示一定意义上的结构关系的词语,就叫关联词。

复句通常用一些关联词语来进行连接,所谓关联词位置不当,是指句子中关联词出现在不该出现的位置上,形成语意表达不清,造成句法上的混乱。

【病例1】:

生活费超标了

在学校里,一次老爸打电话来,很严肃地问我有没有女朋友。

我心想老爸为人严厉,思想保守,我要是承认有女朋友,肯定又得挨批。于是我就说:"没有。"

似是而非惹的祸——常见语病治疗

老爸有些怀疑:"到底有没有?"

我进一步肯定:"没有!"

老爸穷追不舍:"这个可以有!"

我淡定地坚持:"这个真没有!"

结果老爸说了一句让我泪奔的话:"既然你没有女朋友,你每月的生活费那么我给得超标了!"(笑话改编)

【诊断与治疗】:上例对话中,老爸最后一句话就属于关联词位置不当语病。我们前面说过,前后分句的主语如果一致,前一分句的关联词应放在主语后;反之,则放在主语前。该句是表因果关系的复句,前一个分句的主语是"女朋友",后一个分句的主语是"生活费",两个分句的主语不同,因此,后一分句的关联词"那么"就应该放在主语"生活费"之前,即改为:"既然你没有女朋友,那么你每月的生活费我给得超标了!"

【病例2】:

主语不同,关联词应领先

由于技术水平太低,这些产品质量不是比沿海地区的同类产品低,就是成本比沿海的高。(2004年北京高考题)

【诊断与治疗】:该句是表示选择关系的复句,结果部分"这些……高"仍然是一个复句,两个分句的主语不同,分别是"质量"、"成本",而不是"这些产品",形成关联词位置不当语病。应把"不是"放在"质量"前,即改为:"由于技术水平太低,这些产品不是质量比沿海地区的同类产品低,就是成本比沿海的高。"

【病例3】:

黑人能变白?

两个美女在电梯里谈论什么化妆品的美白效果最好。

一名黑人男子在旁边默默地听着。

突然黑人男子对两个美女说道:"没用的!我试过了,都没用的!我想美白,不仅仅是因为我黑,但是想别这么黑。"(笑话改编)

【诊断与治疗】: 我们都知道,有些关联词是成双成对出现的,如果我们乱点鸳鸯,就会出现搭配混乱,表述不清。上句中"不仅仅是因为我黑,但是想别这么黑。"前一分句使用的关联词是"不仅仅",那么后面就应该有"而且"与之相呼应;而后一句用的关联词却是"但是",与"但是"相搭配的关联词应该为"虽然"、"尽管"等,显然是由于举棋不定,形成两种关联词混用,属于两句混杂的语病。

因此,如果要与前一句的关联词"不仅仅"相搭配,那么就把"但是"改为"而且是",即改为:"我想美白,不仅仅是因为我黑,而且是这么黑。"

【病例4】:

主语一致,关联词应压后

有些炎症,西药能治,中药照样能治,不仅中药能与一般抗菌素媲美,而且副作用小,成本较低。(广告语摘录)

【诊断与治疗】: 在这一病例中,无论是前一分句,还是后一分句,其主语皆为"中药"。所以,在前后分句主语一致的情况下,关联词应放在主语后。而例证中的关联词"不仅"放在了主语"中药"前,造成关联词

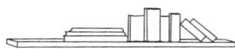

位置不当的语病。应将"不仅"应调到"中药"后，即改为："某些中药不仅能与一般抗菌素媲美，而且副作用小，成本较低。"

（六）并列结构语序混乱

如果两句话所传递的信息在重要性上差不多是相等的，就可以把它们一前一后地排列起来，或者用并列连词把它们连接起来，称为并列结构。

并列结构的语素或词句一般都是意思相近或相反的，合在一起表示一个特定的意思，两者并无从属、主次关系。并列结构可以是词的并列，可以是短语的并列，也可以是分句的并列。并列结构既可以是双项并列，也可以是多项并列。

【病例1】：

"理论"怎么详细规定？政策怎么深刻说明？

文件对经济领域中的一些问题，从理论上和政策上作了详细的规定和深刻的说明。（报纸摘录）

【诊断与治疗】：我们都知道，理论是指人们对自然及社会现象，按照已知的知识或者认知，经一般化与演绎推理等方法，进行合乎逻辑的推论性总结，是一个很抽象的概念。而政策则是国家政权机关、政党组织和其他社会政治集团为了实现所代表的阶级、阶层的利益与意志，以权威形式标准化地规定在一定的历史时期内，应该达到的奋斗目标、遵循的行动原则、完成的明确任务、实行的工作方式、采取的一般步骤和具体措施。也就是说，"理论上"的东西，可以加以"深刻的说明"，而"政策上"的东西，只能作"详细的规定"。因此，上述病例属于并列结构语序混乱，形成语病。

按照并列结构语序的对应关系，应该将"详细的规定"和"深刻的说明"对调,或"理论上"同"政策上"对调,即改为:"从政策上和理论上作了详细的规定和深刻的说明。"或"从理论上和政策上作了深刻的说明和详细的规定"。

【病例 2】:

对应关系中出了什么问题?

托尔斯泰的记忆力和观察力是十分惊人的,他能迅速捕捉形象并长久地储存在头脑中,创作需要时,一"呼"即出。(评论摘录)

【诊断与治疗】:同上例一样,在对应关系中出了问题。"记忆力"应该与"长久地储存"相对应;"观察力"应与"捕捉形象"相对应。但这句不同的是,此句只能将前半句的"观察力"和"记忆力"位置对调,去和后半句的"捕捉形象"和"长久地储存"相对应,而后半句的"捕捉形象"和"长久地储存"位置却不能对调。因为前后的并列短语本身有很强的逻辑顺序,如果对调,就失去了原有的逻辑关系。该句属于并列结构语序混乱语病。

将前半句的"观察力"和"记忆力"位置对调,即改为:"托尔斯泰的观察力和记忆力是十分惊人的,他能迅速捕捉形象并长久地储存在头脑中,创作需要时,一'呼'即出。"

(七)主客体错位

所谓"主客体错位",是指一个句子中所陈述的主体和客体相互错位。

在遣词造句时,主宾关系往往通过介词"对、对于、和、与"等来反映,介词常引出对象。按常理,介词前是主体,介词后表示客体。即只能是人对物,或主观对客观,若颠倒过来就是背理的。

【病例1】：

他很陌生的是偏远的小车站

　　这是一个偏远的小车站,对于他是很陌生的,没有一个熟人,没有任何落脚的地方。（书籍摘录）

　　【诊断与治疗】：这句话的主体应该是"他",客体是"这个偏远的小车站",是"他"对小车站陌生,而不是"小车站"对他陌生。这里主客体错位,形成语病。可改为："他对这个偏远的小车站是很陌生的,没有一个熟人,没有任何落脚的地方。"

【病例2】：

不是并列关系不能互换位置

　　日本军国主义的侵略行为,对于具有民族自尊心和亚洲各国人民是不能容忍的。（报纸摘录）

　　【诊断与治疗】：介词"和"前后的词语不是并列关系,不能互换位置,也就不能构成一个短语,造成主客体错位语病。这句话有两种改法：一是可改为："具有民族自尊心的亚洲各国人民对于日本军国主义的侵略行为是不能容忍的"；二是也可在"各国人民"后加上"来说",即改为："……对于具有民族自尊心的亚洲各国人民来说是不能容忍的。"

【病例3】：

什么与发生癌肿有密切的关系？

　　科学家在对流行病进行分析和动物实验后指出,大量饮酒或饮用酒精配制的饮料,与癌肿的发生有密切的关系。（报纸摘录）

　　【诊断与治疗】："癌肿的发生"是表结果,而"大量……饮料"是诱因之一,说明先前原因和现在结果时,若用介词"与"来揭示它们之间的因果关系,一般是以结果为主体。而这句话,却把"大量……饮料"当成了主体,因此形成了主客体错位语病。所以应将主体"癌肿的发生"提到客体"大量饮酒或饮用酒精配制的饮料"前面来说,即改为:"癌肿的发生与大量饮酒或饮用酒精配制的饮料有密切的关系"。

【病例4】:

两客体怎么能对一个主体?

焦裕禄这个名字对青年人可能是陌生的,可是对中年人却是熟悉的。(报纸摘录)

【诊断与治疗】:在病例中,"焦裕禄这个名字"在前后两个分句中,都是主体,而"青年人"与"中年人"则是客体。所以,属于主客体错位语病。应将"年轻人"移到前面,既不会犯"主客体错位"语病,也可避免形成"暗换主语"语病。可将原句改为:"青年人对焦裕禄这个名字可能是陌生的,可是对中年人来说却是熟悉的。"

(八)虚词位置不当

虚词是指不表示实在意义的词,只能起着连接或附着各类实词的语法作用。

虚词一般不作句子成分,也不能单独成句,它的主要用途是表示语法关系。同时,在虚词中,以"介词"开头的句子,一定要考虑是否缺主语。

所谓虚词位置不当,就是指虚词在起着连接或附着各类实词的时候,坐错了位置,使句子表述不清,形成语病。

【病例1】:

"住过在拉萨"是什么意思?

这位年轻的艺术家也曾经住过在拉萨。(人物介绍摘录)

【诊断与治疗】: "也"、"曾经"、"住过"、"在拉萨"这四个成分究竟有几种组合的方法? 这是一个有趣的排列组合游戏。下面,我们一起来排列组合看看:

也曾经在拉萨住过;曾经也在拉萨住过;

在拉萨也曾经住过;在拉萨曾经也住过;

从表述上来说,以上几种说法都成立,但是,就是不能说"也曾经住过在拉萨"。正是副词"也"、"曾经"与介词"在"站错了位置,形成语病。

不过,"在拉萨也曾经住过"与"在拉萨曾经也住过"这两种说法往往也不能独立来说,需要用于对举,如"在新疆曾经住过,在拉萨也曾经住过"。

为此,上例可改为:"这位年轻的艺术家也曾经在拉萨住过"或改为"这位年轻的艺术家曾经也在拉萨住过"。

【病例2】:

还"老主任"主语身份

经过老主任再三解释,才使他怒气平息,最后脸上勉强露出一丝笑容。(书籍摘录)

【诊断与治疗】: 病例中的介词"经过"位居句首,淹没了主语,形成"虚词位置不当"的语病。介词"经过"应移到"老主任"后或删去,还"老主任"主语身份。即改为:"老主任经过再三解释,才使他怒气平息,最后脸上勉强露出一丝笑容。"

【病例3】:

震惊国际体坛的事件

6 名委员因受贿丑闻被逐出国际奥委会。第二天,世界各大报纸关于这起震惊国际体坛的事件都作了详细报道。(1999 全国题)

【诊断与治疗】:介宾短语就是介词和宾语所构成的短语。介宾短语的主要作用是在句子中作状语。在病句中,介宾短语"关于……事件"不能放在主语"世界各大报纸"后面,须移到主语前面;使句子变得更加通顺。

将原句改为:"第二天,关于这起震惊国际体坛的事件,世界各大报纸都作了详细报道。"或将"关于"改为"对"、"对于",即:"第二天,世界各大报纸对(对于)这起震惊国际体坛的事件都作了详细报道。"

【病例4】:

"至于"只能用在后一事情上

至于我报考信息类专业是既定方针,哪所院校放在第一志愿,还在考虑中。(专访摘录)

【诊断与治疗】:"至于"表另提一事,只能用在后一事情上,而该句却把它放在第一件事"报考什么专业"前,属虚词位置不当语病。应将"报考什么专业"前,放在"哪所院校"后,即改为:"我报考哪所院校是既定方针,至于哪个信息类专业放在第一志愿,还在考虑中。"

【病例5】:

"有人陆续来"怎么来?

来公园晨练的老人很多,清晨四五点,就有人陆续来锻炼了。(报

纸摘录）

【诊断与治疗】：这句话就属于虚词使用不当的语病。"有人陆续来"是怎么个来法？如果说是一个人来公园，要么是来了，要么就是没来，一个人怎么可能"陆续"来？难道是进来又出去，出去又进来？显然说不通。所以，如果调整一下虚词的位置，把"陆续"调整到"有人"的前面，即改成"陆续有人来"就没问题了。这里的"陆续"是一个副词，它要放在所修饰的动词"有"的前面，是"陆续有人"，而不是"陆续来"。所谓"陆续有人来"就是描写"有人来了，过一会儿，又有人来了"这样的景象。

因此，上句可改为："来公园晨练的老人很多，清晨四五点，就陆续有人来锻炼了。"

通过上面的例子，我们可以看出语序是汉语句法结构中的一个主要的表达手段，同样的词排列顺序不同，句法结构关系也不同，所表达的意义也有所不同。

例如：用"不"、"怕"、"辣"三字来进行组合排序，就可以合成成"不怕辣"、"辣不怕"和"怕不辣"三个词：三个词排列的语序不同，所表达的意思与结构亦不同。

总之，语序的变化对语法结构和语法意义都起着重大影响。不能因为有一些词语虽然放错了地方，不至于从根本上改变句子的意思，就可以忽略语序的排列问题。因为，语序排列出现的错误，往往不符合习惯，也不符合语法要求。因此，无论是说话或是写文章，都不能忽视语序在表述中的重要作用。

二　结构混乱　盘根错节

结构混乱，是指将两个或两个以上句式不同、结构各异的短语或句子混杂、纠缠在一起，或将复句中几个分句的先后顺序任意颠倒，使得复句的分句之间在逻辑上产生混乱，造成关系套叠，从而产生表意不清的语法错误。

我们都知道，每个句组的中心思想，都是由一层一层的意思来加以说明的。这一层一层意思的安排与衔接都必须结构缜密，要合乎其内在的逻辑关系。如果出现层次界线不清，眉毛胡子一把抓，前后相互纠缠，理不清头绪，颠三倒四，偏离主题等等，都会造成结构层次混乱，让人纠结，形成结构混乱语病。

结构混乱主要表现在三个方面：

一是同时用了两种不同结构的句子；

二是一句话的结构已经完整，却把它的最后一部分作另一句的开头；

三是一句话说了一半，又另起炉灶，再说一句，或把上半句主语以外的成分用来作下半句的主语，纠缠不清。

结构混乱的类型主要包括两大类：

一是单句中的结构混乱；二是复句中的结构混乱。

在这一章中，我们首先要注意"结构混乱"的语病与单句中"语序不当"错误的区别。

两者的主要区别为："结构混乱"是将两个句子糅合成一个句子；单句中的"语序不当"只是一个句子中句子成分的先后顺序不恰当。也就是说，两者的区别是两个句子和一个句子的区别。

结构混乱是语言语法中常见的一种错误，每年的高考试题都会涉及这一内容。因此把握好此类语病的解析，尤其重要。

（一）单句中的结构混乱

单句中的结构混乱是指：将两句话生硬地拼凑成一句话，或者将前一句的结尾部分当作后一句的开头，使得句子在结构上纠缠不清，在语义上表意不清。

单句中结构混乱的语病很多，我们主要从：两句混杂（也叫举棋不定、现代汉语中叫"句式杂糅"）、藕断丝连（现代汉语中叫"结构纠缠"）、中途易辙三种类型进行诊断与治疗。

1. 两句混杂

两句混杂，也叫举棋不定（现代汉语中叫"句式杂糅"），指一个句子套用了两种结构。即把两种不同句法结构的句子混杂在一个句子中，造成这个句子结构混乱、语义纠结的语病。

简单来说，就是在表达时，既想用这种表达句式，又想用那种表达句式，结果因举棋不定将两种表达句式混在一起说，造成半截转向的现象，这就是两句混杂。

两句混杂的病句都有一个特点，就是取一种格式的前一部分，又取另一种格式的后一部分，让一头一尾组成一种混杂的结构。

【病例1】：

晓峰心中的"名次"

晓峰本来是一个学习成绩不错的孩子，自从迷上电脑游戏之后，整天沉溺于游戏之中，成绩直线下滑，几次考试下来，几门功课都不及格。老师痛惜，父母着急。

临近中考了，可晓峰没有一点备考的意思，依然整天玩游戏。晓峰的父亲苦口婆心地对他进行劝导之后说："马上就要中考了，你不认真学习，那怎么可能有好成绩是可想而知。"

"我已经想好名次了。"晓峰头也不抬地说。

"第几?"父亲着急地问。

"倒数第一!这名次最好,又是第一,又没有人争,这难道不是开心的事又是什么呢?"

"你?"父亲当场晕倒。（笑话改编）

【诊断与治疗】:这段对话中,有两处语病。

一是晓峰的父亲所说的"你不认真学习,那怎么可能有好成绩是可想而知。"这句中,把反问句式和判断句式糅在了一起,破坏了句子结构和语气的完整,形成句式杂糅语病。如果用反问句,应改为"那怎么会有好的成绩呢?"如果用判断句,应改为"成绩不好是可想而知的。"

二是晓峰所说的"这难道不是开心的事又是什么呢?"这是把两种反问句式杂糅在一起了,一种是"这难道不是开心的事吗?"另一种是"这不是开心的事又是什么呢?"前者是是非问形式的反问句,后者是特指形式的反问句。任选一种,都可避免两句混杂语病的发生。即可改为:"……这难道不是开心的事吗?"或改为:"这不是开心的事又是什么呢?"

【病例2】:

到底是反对还是批判?

鲁迅猛烈地揭露、批判了封建道德。他对反对节烈观和包办婚姻、家长制都进行了批判。（讲义摘录）

【诊断与治疗】:从整句话来看"反对……家长制"是述宾词组;"对……家长制"是介词词组。把两种不同句法结构的句子混杂在一个句

如果使用述宾词组,就应当删去"对"及后面的"都进行了批判",将原句改为:"……他反对节烈观和包办婚姻、家长制。"如果使用介词词组,就要删除"反对"两字,将原句改为:"他对节烈观和包办婚姻、家长制都进行了批判。"

【病例3】:

是"陈述"还是"疑问"?

接着,周总理又亲切地问孩子们记不记得毛主席是怎样教导你们的? 五个孩子齐声回答:"好好学习,天天向上!"(报纸摘录)

【诊断与治疗】:"周总理又亲切地问孩子们……"是陈述句,而后面的"记不记得毛主席是怎样教导你们的?"又是疑问句。显然是把陈述句与疑问句混在一起了,形成两句混杂的语病。如果要用陈述句,就把"孩子们"改成"他们",并删除了后面的"你们",问号改成句号。即改为:"接着,周总理又亲切地问他们记不记得毛主席是怎样教导的。"如果要用疑问句,就要在"孩子们"的后面加上冒号及引号。改为:"接着,周总理又亲切地问孩子们:'记不记得毛主席是怎样教导你们的?'"

【病例4】:

两句变一句能表述清楚吗?

随着市场经济的不断发展,转变经营观念已成为企业当务之急的头等大事。一家企业领导在作动员报告时说:"多年来曾被在计划经济思想束缚下的人们也觉悟起来。……"(报纸摘录)

【诊断与治疗】:这本来是两个不同结构的句子:"多年来曾被计划经济思想束缚的人们也觉悟起来";"多年来在计划经济思想束缚下的

人们也觉悟起来"，这里将它们合成了一个句子，从而使得句子结构上纠缠不清，从而形成两句混杂的语病。

应该在"曾被……束缚……"和"在……束缚下的……"两种格式中选用一个。即可改为："多年来曾被计划经济思想束缚的人们也觉悟起来。……"或改为："多年来在计划经济思想束缚下的人们也觉悟起来。……"

此外，报告中的"当务之急"和"头等大事"语义重复，去掉一个。

【病例5】：

学生的妙招

还是在上高中的时候，隔壁班同学做过一件很妙的事。有一个教得很烂的老师在他们班上课时，他举手示意有话要说。在得到老师的应允后，他对老师说：

"老师，我要去打电话……"

"上课时间打什么电话？"老师不悦地拒绝他的请求。

"我要去打电话报警，这里有人在讲台上骗钱啦！我们应该把这个消息让警察快点儿知道。"他大声地说。

全班狂笑，老师被气得说不出话来。（笑话改编）

【诊断与治疗】：现在的学生个个古灵精怪，没有真才实学的老师，想糊弄现在的学生，可真不是那么容易的事！

感叹之余，咱们还是一起来对病例进行诊断与治疗吧。"把这个消息让警察快点儿知道"，读起来确实很拗口。究其原因，是一个"把"字句和一个"让"字句纠结在一起了，即把两种不同的句式结构套叠在了

一起,造成句子的结构不合规则,读起来感觉拗口,形成两句混杂语病。

因此,要么用"把"字句,把"让"字改为"告诉",即改为:"……我们应该把这个消息快点儿告诉警察。"要么就用"让"字句,即改为:"我们应该让警察快点儿知道这个消息。"

同一个意思,可以选择不同的句式来表达,但是每次只能选择一种句式,不能兼用。如果举棋不定,既想用这个句式,又想用另一个,结果在无形之中两个都用了,这样生硬凑合,很容易造成句子结构的纠缠不清,形成"两句混杂"的语病。

2. 藕断丝连

藕断丝连,现代汉语中又叫"结构纠缠"。是指一个结构完整句子,把它的结尾部分用做另一句的开头,使之成为一句话,形成将两句话生硬地拼凑成一句来说,使得句子在结构上纠缠不清,意思上表达不清的语病。

【病例 1】:

读得上气不接下气的长句子

胡小姐从杭州寄了一封挂号信到上海金沙江路 895 弄李小姐收。(书籍摘录)

【诊断与治疗】:让你一口气把这句子读完,是不是有些上气不接下气?诊断这样的语病,特别需要耐心,要小心地把硬接在一起的句子进行合理的分解,从而得出正确的句式。

上例就属于"藕断丝连"的长句子,本来应该是由两个甚至是多个分句组合而成,可现在却硬拉扯到了一起,凑合成一句,形成语病。根据语意,可进行合理的分解,改为:"胡小姐从杭州寄了一封挂号信,上面写着:上海金沙江路 895 弄李小姐收。"也可改为:"胡小姐从杭州给上海金沙江路895弄的李小姐寄了一封挂号信。"

【病例2】：

我们不属于人民？

我们向政府提意见是人民的责任。（报纸摘录）

【诊断与治疗】："我们向政府提意见"本来就是一句完整的话了，但又把"向政府提意见是人民的责任"凑在一块儿，形成了"藕断丝连"语病，应该删去"我们"两字，以保持句子的完整性。改为："向政府提意见是人民的责任。"

【病例3】：

是陈述还是疑问？

你可知道，要出版一本译作是要经过多少人的努力以后，才能与读者见面的。（评论摘录）

【诊断与治疗】：读着真费劲！重复的字、词太多，且语义缠绕不清，让人纠结。

句中的"要出版"和"要经过"两个"要"重复了，应去掉一个；"经过"与"以后"语义重复，也应去掉一个；"多少人"带有疑问语气，会产生歧义，应改为"许多人"。由此删减与调整后，原句应改为："你可知道，出版一本译作是要经过许多人的努力，才能与读者见面的。"

【病例4】：

"妻管炎"的艳遇

小张是个典型的"妻管炎"。这天，小张回家比平时整整晚了两个钟头。一进门，妻子就追问回家晚的原因。小张支支吾吾半天，也没说

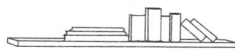

出个所以然来。

于是妻子生气地说："你是不是有外遇了？我告诉你你今天要不说出个子丑寅卯来我跟你没完！"

小张赶紧坦白："我哪儿有那艳福啊？我就是坐车回家时看到一个美女我一不留神坐过了站又走回来的。"（笑话改编）

【诊断与治疗】：以上这个笑话有两处语病：一是小张妻子说的"我告诉你你今天要不说出个子丑寅卯来我跟你没完！"这句，前面是对小张"我告诉你"，如果"你今天要不说出个子丑寅卯来"，那么我就"我跟你没完！"本来是要用几句话来描述的事，结果她硬是把几句话弄成了一句话来说，让人听了很纠结，形成藕断丝连的语病。根据语意，对原名进行分段后改为："我告诉你，你今天要不说出个子丑寅卯来，我跟你没完！"

二是小张坦白的话："看到一个美女我一不留神坐过了站又走回来的。"这句与上句一样，都属于同一个毛病：句子超长，把结尾部分用做另一句的开头，使之本来应该是几个分句的句子，生硬地拼凑成一句来说，使得句子在结构上纠缠不清，意思上表达不清。这句应改为："我就是坐车回家时，看到一美女，我一不留神就坐过了站，又走回来的。"

3. 中途易辙

"中途易辙"是指一句话只说了一半，忽然另起炉灶，重来一句。

"中途易辙"的问题一般发生在有两个（或两个以上）分句的复句中，前一分句出现了主语，但没有谓语，下一分句就换一主语继续表述，这就叫"中途易辙"语病。

"中途易辙"的语病，通常有两种情况：一种是放下主语，突然另起一句；另一种是在复句中抛开原定的分句，另起一种分句。

（1）丢下主语而另起炉灶

丢下主语而另起炉灶，是指丢开原来的主语，另起一句，新产生一个主语，这种与前句主语脱节的句子就叫"丢下主语而另起炉灶"的病句。

【病例1】：

"天灾人祸"指什么？

咸丰年间，淮河农民在清朝的封建统治和地主阶级的残酷剥削下，土地集中、租税沉重、灾害连年，天灾人祸逼得人民走投无路。（书籍摘录）

【诊断与治疗】：从全句来看，主语应该是"淮河农民"，接下来是状语"……在……下"，那么谓语心中语是什么呢？是"土地集中"或"灾害连连"吗？显然不是。可见这第一句是缺少谓语中心语的（只有"租税沉重"可能会成为谓语中心语）。也就是说，从"土地集中"开始，就另起了一句。这种丢开原来可以做主语的词语不管，另起炉灶的情况，就形成了"丢下主语而另起炉灶"的语病。

可在"土地集中"之前加上一个表示递进关系的词"加之"，前后两句的意思就连贯了。原句应改为："……加之土地集中、租税沉重、灾害连年，天灾人祸逼得人民走投无路。"

【病例2】：

孙犁的短篇集和中篇怎么样？

孙犁的短篇集《芦花荡》、《荷花淀》、《嘱咐》和中篇《村歌》等，他的作品大都是以抗日时期的冀中农村为背景，生动地描绘出农村男女劳动者朴实的性格和英勇的斗争精神。（讲义摘录）

【诊断与治疗】："孙犁的……等"，是个名词性词组，可以做主语，但

后面却没有了谓语，不知道这些"短篇集……和中篇……"怎么样了，没有交代，使这个名词性词组成了游离成分。然后，从"他……"开始，另起了一句，与前句脱节。同病例1一样，同属形"丢下主语而另起炉灶"的语病。应改为："孙犁的作品，如短篇集……大都是以抗日时期……"

【病例3】：

接受了马列主义思想之后中国会怎么样？

中国人民自从接受了马列主义思想之后，中国的革命就在毛泽东同志领导下大大改了样子。（讲义摘录）

【诊断与治疗】："中国人民……马列主义思想之后"就怎么样？作者不接下去说，没有交代"接受了马列主义思想之后"的情况，却用"中国革命"另起一句，说起了"在毛泽东同志领导下……"的情况，中途易辙，形成语病。

把"自从"提到"中国人民"之前，句子就完事了，前后就衔接上了。即改为："自从中国人民接受了马列主义思想之后，中国的革命就在毛泽东同志领导下大大改了样子。"

【病例4】：

是我们对恐怖分子的阴谋活动加以揭露

恐怖分子的阴谋活动是应当加以揭露，而且能够把它揭露的。（报纸摘录）

【诊断与治疗】：上半句中对"恐怖分子的阴谋活动"加以揭露的主语应当是"我们"，由于这个词隐而未现，使得主语成了"恐怖分子的阴谋活动"，这是个受事主语。可是下半句"能够把它揭露的"主语就不可能还是"恐怖分子的阴谋活动"，而只能是"我们"。这就造成了"暗换主语"的错误。这一句应该在句首加上施事主语"我们"。

因此,可改为:"我们对恐怖分子的阴谋活动是应当加以揭露,而且能够把它揭露的。"

（2）丢下原定分句而中途易辙

这是指本来已经出现了一个句子,待进行下一句的交代或承接,但在中途又换了一个主题,与上句失去了关联,这种中途另起一个分句的句子就叫"丢下原定分句而中途易辙"的病句。

【病例1】：

"条件句"出来了,"结果句"在哪儿？

荀子又提出要"知天"。什么是"知天"呢？人们只要正确运用自己的感觉器官和思维器官,对于"天",也就是自然界,是可以认识的。（报纸摘录）

【诊断与治疗】：句中的"只要"引出了条件句,但后面却没有相应的结果句,出现了丢下原定分句而中途易辙的语病。应在句中加上表示条件的词语"就",并把"可以认识的"提到"天"的前面,去掉"对于"两字,整个句子就没问题了。即改为:"人们只要正确运用自己的感觉器官和思维器官,就可以认识'天',也就是自然界。"

【病例2】：

语义为何突然转换？

记者随"向阳红五号"、"实践"号和"东方红"号科学考察船出航,放眼波涛滚滚的大海,仰望迎风招展的五星红旗,听着科研人员嘹亮的歌声:"富饶的海洋,人民的宝藏,光荣的责任,在我们肩上……"他们这种向海洋科学进军的雄伟气魄,使人深为感动。（报纸摘录）

【诊断与治疗】：看了这么一长段文字，讲完了"放眼……"、"仰望……"、"听着……"，抒情了半天，似乎下面该有个结果了。然而，接下来却是另一番语意，说起了"向海洋科学进军的雄伟气魄"，说起了对这种"气魄"的感动。让人无法从抒情的意境中转过来，形成"丢下原定分句而中途易辙"的语病。

根据题义，可对最后一句进行修改，把"深为"提到句子前面，把"使人"改为"所"就前后连接上了。即改为："深为他们这种向海洋科学进军的雄伟气魄所感动。"

4. 结构含混

结构含混，是把两种或两种以上不同句法、不同成分的句子混杂在一个句子中，造成句子结构混乱、语义纠结的语病。

这种类型的语病很多，我们主要从：反客为主、词性误用、层次不清三种类型来加以诊断与治疗。

（1）反客为主

反客为主，是指把上半句主语以外的成分用来做下半句的主语，造成整句话中有多个主语的语病。

【病例1】：

反客为主成语病

山鸡椒的花、叶和果实均含芳香油，从油中提取的柠檬醛，为配制食用香精和化妆品香精的主要原料，都离不开它。（2004 湖南卷）

【诊断与治疗】：前一句的主语是"柠檬醛"，因后一句"为配制……主要原料"没有接上"也是……都离开不了的"，因而形成后一句"都离不开它"的主语成了"食用香精和化妆品香精"，与前面的主语（柠檬醛）不一样，造成反客为主结构混乱。因此，应改为："……从油中提取的柠檬醛，为配制食用香精和化妆品香精的主要原料，配制食用香精和化妆品香精都离不开它。"

【病例2】：

不知道"谁"被游击队反包围了

当匪徒们偷袭游击队的时候,被游击队反包围了,歼灭了无数匪军。（书籍摘录）

【诊断与治疗】：前一句"当匪徒们偷袭游击队的时候,被游击队反包围了"的主语本应是"匪徒们",但由于滥用了介词结构"当……的时候",而介词结构用在句首是不能充当主语的,于是就使得不知道"谁"被游击队反包围了,造成句子意思表达不完整的错误。应改为："当匪徒们偷袭游击队的时候,被游击队反包围了,歼灭了不少。"或"当匪徒们偷袭游击队的时候,被游击队反包围了,歼灭了不计其数"。

【病例3】：

什么"久久不能平静下来"？

老师傅的一席话深深地触动了小邱的心,久久不能平静下来。

【诊断与治疗】：前一分句的主语是"话","心"是作为宾语。但在后一分句中,什么"久久不能平静下来"？显然是"小邱的心"。因而后一分句的主语即变成了"小邱的心",属暗中转换主语,造成语句混乱,形成语病。可将原句改为："老师傅的一席话深深地触动了小邱,使他的心久久不能平静下来。"

（2）词性误用

动词和形容词的相同之处是都可以作谓语,它们的区别一是能否受

副词"很"修饰;二是能否带宾语,且两条区别必须同时起作用。

【病例1】:

"小说非常感动"?

这是一部非常感动的小说,已经被改编成话剧、电影等多种形式(报纸摘录)。

【诊断与治疗】:"感动"是表示心理状态及其变化的动词,可以说:"我很感动",也可说"这本小说感动了我"。但是,"小说非常感动"的说法是不能成立的。只能将"感动"换成形容词"感人",即:"小说非常感人。"也就是说,只能说:"这是一部非常感人的小说",正因为"小说感人",所以"读者"才被"感动",而不是"小说"被"感动"了。由于动词和形容词的误用,造成了词性误用语病。

将心理动词"感动"改成形容词"感人"。原句应改为:"这是一部非常感人的小说,已经被改编成话剧、电影等多种形式。"

【病例2】:

"把"字句使用有讲究

我们要下决心,花大力气,争取在本世纪把我国的教育事业达到先进水平。(报纸摘录)

【诊断与治疗】:这是"把"字句使用的错误。"把"字句中,动词必须是及物动词,而且必须对提到动词前的宾语有处置的意思,即:能把宾语怎么样。例中,"达到"对宾语"教育事业"没有处置的意思,因此形成语病。

可将"达到"改为"提高到"。即改为:"争取在本世纪把我国的教育事业提高到先进水平。"

（3）层次不清

层次不清就是文章表述的意思混乱，没有逻辑，一会儿说东，一会儿说西，让人不知所云。

【病例1】：

应先说抽象的，再说具体的

新华社发布酵母丙氨酸转移核糖核酸人工合成在上海胜利完成的消息后，广大读者非常重视，科学界人士也非常重视，引起了强烈的反应。（报纸摘录）

【诊断与治疗】：谁都知道，对于科学成就，首先应该是得到科学界的认可，才可进行推广。因此，应先说"科学界人士"的反应，再说"广大读者"的反应。同时，"引起强烈的反应"是一句抽象的话，应放在前面，也就是说，先说抽象的，再说具体的。由于层次不清，形成结构混乱语病。

原句可改为："新华社发布酵母丙氨酸转移核糖核酸人工合成在上海胜利完成的消息后，引起了强烈的反应。科学界人士非常重视，广大读者也非常重视。"

【病例2】：

意思一致，可以转折吗？

该集团的资金大都是外界筹措，利息之高令人难以想象，然而高额利息使该集团在资金运转上所承受的压力越来越大。（2009年北京高考题）

【诊断与治疗】：复句中"利息之高令人难以想象"和"高额利息使该集团在资金运转上所承受的压力越来越大"意思是一致的，分句间不存

在转折关系,所以,用"然而"加以转折是属于强加转折关系语病,应删去。改为:"该集团的资金……高额利息使该集团在资金运转上所承受的压力越来越大。"

(二)复句中的结构混乱

复句是由几个分句构成的句子,分句之间具有多种多样的语意关系,这些关系靠关联词语来表示或强调。

复句中的结构混乱,是指分句的前后顺序不能任意颠倒的复句,分句顺序被任意颠倒,从而造成在结构上逻辑混乱、表意不清甚至错误的语病。

一方面是指承接复句、递进复句前后分句的顺序被打乱的情况。这两类复句各分句的先后顺序是不能任意调换的;另一方面是指因果复句的分句在有的情况下也不能调换的情况。他们所产生的不良后果是:逻辑混乱,表意不清。

我们运用复句时,不能只看关联词,一定要注意分句之间有没有和这些关联词相应的意义联系,如果没有相应的意义联系,几个分句就失去了构成一个复句的基础。

复句中结构混乱的语病很多,我们主要从以下几种类型分别进行诊断与治疗。

1.承接复句中的结构混乱

承接复句是指几个分句按照时间的先后顺序分别说出接连发生的几个动作或几件事的复句。各分句之间的先后顺序是不能任意调换的,否则,就是承接复句结构混乱的错误。

承接复句中常用的关联词语有:就、便、才、又、于是、后来、然后、接着、继而、终于、"刚……就"、"首先……然后"等。

【病例 1】：

我不跟狗谈恋爱

一男孩儿暗恋一女孩儿许久了，但一直不敢当面表白。于是，就想用写纸条的方式向对方表达爱慕之心。他在纸条上写着："我刚爱上了你，就认识了你。能和我交往吗？"

写完之后，让他家狗狗叼给那女孩儿。不一会，狗狗就叼着一纸条回来了，上面写着："我不跟狗谈恋爱。"（笑话改编）

【诊断与治疗】：虽然是狗狗送去的，但肯定不是狗狗要谈恋爱。这女孩儿够幽默的！

笑过之后，我们还是一起来看看男孩儿写的纸条有什么问题吧。"我刚爱上了你，就认识了你。"这句话用了承接关联词"刚……就……"，在这个承接复句中，显然分句之间的先后顺序弄颠倒了，这个分句间的先后顺序是不能任意调换的，一调换就属于承接复句结构混乱的语病。因为，按常理，怎么都应该是先"认识"，后"爱上"嘛。所以，应该将两句的谓语成分"爱上"与"认识"相互对换，句子就没问题了。即改为："我刚认识了你，就爱上了你。能和我交往吗？"

【病例 2】：

"胡萝卜丁"是先切后洗吗？

中午做饭时，妈妈递给我一盆胡萝卜，对我说："去，先把胡萝卜切成肉丁，再去洗了！"

我汗！（笑话改编）

【诊断与治疗】："把胡萝卜切成肉丁"？能把胡萝卜切成肉丁的人，

应该是魔术师吧？如果单从这句看，这只是一则笑话，应该算是口误，不存在语法上的错误。但如果把整句话连起来看，就属于承接复句中结构混乱的语病了。因为按照常规来说，应该是先"洗"胡萝卜，再"切成胡萝卜丁"，这是常规程序。因此，原句应调换顺序，并把"肉"字删除就可以了，即改为："去，先去洗了，再把胡萝卜切成丁！"

2. 递进复句中的结构混乱

递进复句是由两个或两个以上分句按照由先到后、由浅入深、由易到难、一句比一句的意思更进一层的逻辑顺序组合起来的复句，各分句之间的先后顺序也是不能任意调换的，否则，就是递进复句中的结构混乱错误。

递进复句必须使用关联词语。常用的关联词语有：又、更、而且、况且、何况、甚至、尤其、"不但……而且"、"不仅……而且"、"不但……反而"、"尚且……何况"、"别说……连"等。

【病例1】：

"不仅……而且"不能错位

与会代表不仅见多识广，而且专业知识精湛，能得到他们的首肯，靠的不是溢美之词，而是材料、事实、理论和数据。（报纸摘录）

【诊断与治疗】：我们知道，递进复句中，后一分句所表示的意思要比前一分句所表示的意思更进一层。从病例来看，"见多识广"比"专业知识精湛"所表达的意义更进一步，理应放在后面。因此，颠倒了分句之间的递进关系，形成了递进复句结构混乱的语病。应改为"与会代表不仅专业知识精湛，而且见多识广……"

【病例2】：

拾荒老头儿的感慨

一少妇去倒垃圾,不小心摔倒在垃圾堆里,昏头昏脑地正待爬起时,被一捡破烂的老头拉起搂在怀里,老头感慨:

"这女人别说全身上下也没啥毛病,就这脚都是好的。城里人就是浪费,这么好的女人说不要就不要了!"（笑话改编）

【诊断与治疗】:既然病例中用了递进复句关系词"别说……连",那么所表示的意思应该一句比另一句更进一层。前一句已经说了"全身上下没啥毛病",后一句又说"这脚都是好的",难道"这脚"不属于身体的一部分吗? 因此,属于递进复句中结构混乱的语病。按照题意,两分句位置应该进行互换。即改为:"这女人别说这脚是好的,就是全身上下也没啥毛病。城里人就是浪费,这么好的女人说不要就不要了!"

3. 因果复句中的结构混乱

因果复句,指正句和偏句之间是原因和结果关系的句子。

因果复句可分为两种:一种为前因后果的说明因果复句;另一种为前果后因的推论因果复句。前者有时可转换为后者,有时则不能,不能转换的因果复句前后分句的顺序是不能任意颠倒的,否则,就是因果复句结构混乱的错误。

偏句说明原因,正句说明结果。一般是偏句在前,正句在后。常用"因为（由于）……所以……"、"……之所以……是因为……"、"因为"、"由于"、"所以"、"因此"等关联词语。

【病例】:

不能像那两匹马一样

　　小两口为件小事吵了起来。吵完后,丈夫觉得很后悔,便叫妻子观看外面的两匹马拉着一辆车子的情景,他说:"之所以我们不能齐心合力向前进,就是因为不能像那两匹马一样。"

　　妻子怒气冲冲地说:"问题是我们不是两匹马,我们之中有一头是驴!"(笑话改编)

　　【诊断与治疗】:这丈夫的话听着怎么这么别扭啊?"不能齐心合力向前进","是因为不能像那两匹马一样"?有这种说法吗?像马一样什么呢?后面没有了前果后因的推论因果成分。正是因为在这复句中,把因果关系的顺序弄颠倒了,导致出现了因果复句中的结构混乱语病。应把"齐心合力"放到最后,改为:"之所以我们不能向前进,就是因为不能像那两匹马一样齐心合力。"

三　成分残缺　让人纠结

　　所谓成分残缺,是指一句话或一段话缺少了应有的成分,使句子表意不完整的语病。

　　那么什么是一句话或一段话的"应有成分"呢?有两种解释:

　　一是表达上的。也就是说,缺漏了组成句子必不可少的某一词语或句子,就会影响意思的表达,这些不能缺少的词语和句子就是表达上的"应有成分"。

　　二是结构上的。即:一个短语或者一个句子,少了某些词语、结构就不完整。如:主谓词组少了主语或谓语、偏正词组少了中心语、述宾词组少了述语或宾语,都会使一个短语或一句话的结构不完整。这些语法所必需的成分就是结构上的"应有成分"。"结构不完整"造成的后果也是意思表达不完整。

我们主要从主语残缺、谓语残缺、宾语残缺、关联词残缺等四个方面加以诊断与治疗。

概念上的东西很抽象,理解起来确实有些难,我们不妨先来看一则"成分残缺"的笑话,让我们一起在轻松愉快地阅读中,诊断治疗因"成分残缺"所引起的啼笑皆非的病例吧。

【病例1】:

大爷买车

有一位老大爷特别喜欢看报纸,尤其喜欢看报纸上的广告,以便从中获取优惠物品的信息。有一天看到报纸上有一则广告:"桑塔纳2000",一时心动,他想啊,怪不得这年头年轻人都说要买车,原来这小车大降价啊,才2000元?咱也买得起哦!就算咱不会开,买来送给儿子也成啊。赶紧翻出压箱底的积蓄,怀揣着2000元钱美滋滋地去买车。

车行推销员一听,立马知道是老大爷把广告词理解错了,可怎么解释呢?分明是自己车行的广告语确实存在问题啊。于是,灵机一动,聪明的营业员指着旁边的另一家轿车商场说:"大爷,您到那一家看看,还有更好更便宜的呢。他们那儿卖奔驰600,您的2000元不仅能买三辆,而且还能剩200元路费呢。"(笑话改编)

【诊断与治疗】:这则笑话,句子实则就属于语病分类中的"成分残

缺"。因为，广告用语上的"2000"到底表达的是一个什么意思？让人无法知道，缺少"应有成分"。

试想，如果这老大爷是一个较真儿的老人，非要按照广告上的"2000"买一辆桑塔纳呢？又该如何收场？

因为广告上的"桑塔纳2000"，并没有注明桑塔纳后面的"2000"是型号而不是价格。毕竟，对于车辆的型号，并不是所有的人都知道，而对于阿拉伯数字，却是幼儿园的小朋友都看得懂。

因此如果上面的广告用语改为"桑塔纳2000型"，多加一个"型"字，就将所要表达的意思明朗化了。

以此告诫广告商家，千万不要吝啬那一字之彩墨，或许一字可值千金哦。当然，画蛇添足的事也做不得，做了也一样要付出代价。

诸如此类的广告用语我们随处可见，如商家常用的促销手段"买一送一"，其实就存在同样的问题。这"买一送一"到底怎么个送法？是买辆车送辆车？买套房送套房？还是买一个正品送一个赠品？这是商家有意识地用"成分残缺"的语法错误来误导消费者。

不管是表达上的，还是结构上的，只要缺少"应有成分"，都属于"成分残缺"。这两种"应有成分"既是相通的，但又有所区别。我们再来看一个例子：

【病例2】：
校服轶事

为了规范化管理，强化学校的文化生活，很多学校都发了校服，并要求每周一学校升旗的时候，全校学生都必须穿校服，以便统一，且庄重。

然而，总有些学生不按照学校的要求穿

全套校服参加升旗仪式,要么只穿裤子,要么只穿衣服,整体看上去很不协调。因此,为了严格遵守校规,校长在升旗之前拿着扩音喇叭大声说:"有的同学不穿衣服,有的同学不穿裤子,有的就干脆衣服裤子都不穿!"

操场顿时哗然……(笑话改编)

【诊断与治疗】:从这则笑话中的关键语:"有的同学不穿衣服,有的同学不穿裤子,有的就干脆衣服裤子都不穿!"这一句子来看,就句子的结构来说是完整的,没有缺少"应有成分"。但从表意上来说,却少了一个必要的成分,即表达限制性的定语"校服"。"校服"这个词不能省略,必须在句子中"有的同学"后加上才行,少了这个限制性的定语,"不穿"所替代的对象就可以作另类解释,引起歧义。

按照校长的原意是想说:"有的同学不按规定穿校服,有的不穿校服的上衣,有的同学不穿校服的裤子,有的就干脆不穿校服。"之所以成为笑话,引起学生的哗然,就是因为缺少应有成分产生了歧义。

(一)主语残缺

主语残缺是指本来应该有主语的主谓句,由于种种原因,把应有的主语丢掉了,使得句子意思表达不完整,从而形成语病。

我们知道,非主谓句分不出主语来,但不能视为是缺少了主语。省略句中,有可能会省去了主语,而省去的主语都能补回来,这与主语残缺不是一回事,我们要注意区分。

下面,我们通过病例,对主语残缺从以下几方面加以诊断与治疗:

(1)主语融入介词词组

处于句子前面的介词词组,常常与也处于句子前面的主语紧挨在一起,处理不好,就会出现纠缠不清。以致一方面可能把主语放到做状语

的介词词组当中去了,另一方面有可能造成了全句主语残缺。

【病例1】:

主语去哪儿了

"意识流"这个名词具体指的是什么,我不理解,也很陌生。但从运用回忆、插叙的手法表达形象的心理活动和头脑中思考的内容,借以变化情节,烘托主题这一角度来说,在我们过去的许多电影中都曾经是有过的。(报纸摘录)

【诊断与治疗】: 例句中的"从……来说"是一个介词词组构成的插入语,如果要用其中的"运用回忆、插曲的手法……烘托主题"来做主语,那么就应该把"从"和"这一角度来说"删掉,让主语从介词词组中显现出来。因此,正是因为有插入语"从……来说",把主语融入了介词词组中,造成主语残缺语病。

应改为:"'意识流'这个名词具体指的是什么,我不理解,也很陌生。但运用回忆、插叙的手法表达形象的心理活动和头脑中思考的内容,借以变化情节,烘托主题,在我们过去的许多电影中都曾经是有过的。"

【病例2】:

改 戏

有一个年轻的女演员,她觉得自己在一部电视剧里的戏份太少,忍不住向导演抱怨:"我对我出演的角色有意见!戏到结尾时我才出场,手里拎着一只皮箱,默默走过舞台。这戏份太少了!"

导演听了,很诚恳地说:"你说得有道理,

明天实拍。当结尾出场时,手里拎两只皮箱。"(笑话改编)

【诊断与治疗】:介词"当"最容易出现在应有的主语之前,而使主语处在介词词组当中,上例就是这种情况。谁"手里拎两只皮箱"? 当然是"你",但是"你"恰好处于介词词组当中,失去了做主语的资格,产生了不知是谁"手里拎两只皮箱"的疑惑,属于主语被放进了介词词组中的语病。应删除介词"当",改为:"你说得有道理,明天实拍。结尾出场时,你手里拎两只皮箱。"

(2)指示代词挤掉主语

指示代词,是表示指示概念的代词,即用来指示或标识人或事物的代词。由于指示代词在句子中可充当主语,因而使用不当,就会造成挤掉主语的语病。

【病例1】:

没有了

一次员工聚餐,有个同事要了一大瓶可乐,然后给同事每人倒一杯,轮到自己的时候瓶子空了。

于是那同事晃着可乐瓶,对服务员说:"这个还有吗?"

服务员屁颠屁颠地跑过来,接过同事手中的可乐瓶子,仔仔细细地检查了一遍,一脸诚恳地说:"没有了!"

同事茫然:"?"大家讪笑。(笑话改编)

【诊断与治疗】:"这个还有吗?"问句中的指示代词"这个",是指哪个? 本意应该是指"可乐",由于用指示代词"这个"充当了主语,让本应

该是主语的"可乐"失去了做主语的资格,造成理解上的歧义。故应删掉"这个",让"可乐"站在主语的岗位上。

【病例2】:

曾经的富翁

警察在街上抓到一个冰毒贩子,审讯时问道:"你七天前的买主是哪些人?"

冰毒贩子指着街口的一个乞丐说:"那个乞丐也是。"

警察:"怎么?乞丐也有钱买毒品?"

冰毒贩子说:"警察先生,那个是乞丐,七天前可是一个富翁啊!"(笑话改编)

【诊断与治疗】:谁"七天前可是一个富翁"?显然是指"乞丐",由于前一句"那个是乞丐"中的指示代词"那个"站在了主语的位置,而"乞丐"则站在了宾语位置,导致后面一句"七天前可是一个富翁啊!"可以理解为"富翁"不是"那个"而是"这个",即可以理解为"那个是乞丐,这个是富翁",产生歧义,形成指示代词挤掉主语的语病。应去掉指示代词"那个"及副词"是",改为"警察先生,乞丐七天前可是一个富翁啊!"

(3)滥用"使动式"

第一句话自述省略了主语,第二句话滥用"使动式",致使前后两句都缺少了主语。

【病例1】:

有经验

一家私营企业的李总事业有成,却将终身大事耽误了,无奈之下,他决定在报纸上登个《征婚启事》。

《征婚启事》写得文采飞扬,但李总还是不放心,便叫来宣传部王部长,想请王部长再对《征婚启事》进行下润色。

"不好意思,请你帮我改一下。"李总谦逊地说。

"我可不敢改你的征婚启事。"王部长赶紧推辞,生怕改得不如李总的意,留下后患。

"不不,你经常写招聘启事,有经验。"李总坚持己见。

王部长不敢怠慢,他反复看了几遍,基本上挑不出什么毛病,斟酌又斟酌,最后在《征婚启事》上加了一句:"刊登了《征婚启事》,使我看到了未来,对有三年以上经验者尤为青睐。"(笑话改编)

【诊断与治疗】:我们先不说这句"对有三年以上经验者尤为青睐"的内涵所产生的笑话,我们单从句子本身的结构上来分析语法错误。

"刊登了《征婚启事》,使我看到了未来,对有三年以上经验者尤为青睐。"一句中,主语是"刊登了《征婚启事》"这件事,是这件事"使我看到了未来",而"对有三年以上经验者尤为青睐"则是"我"。由于用了"使",使得主语"我"处在了使动式中,从而不知道谁"对有三年以上经验者尤为青睐"。形成滥用"使动式"造成主语残缺的语病。

应删去"使"字,"我"便会变成主语,最终形成主语蒙后省略的复句。

当然,期间的"有三年以上经验者"所含的意味,只能当成笑话来看,从语法上来说,是没有问题的。

(4)暗换主语

如果后边的主谓句没有主语,我们就会习惯性地认为主语承前省略

似是而非惹的祸——常见语病治疗

了。如"他从容淡定，大智若愚"，后一句"大智若愚"的主语也是"他"，这是平常的写法。但如果后一句不用前一句的"他"做主语，在暗中去陈述其他的对象，这种句子就叫"暗换主语"。

【病例1】：

腿脚怎么能栽倒

你的腿脚不灵便，从这些筐子空里穿过，不安全，栽倒了怎么办？（报刊摘录）

【诊断与治疗】：第一句的主语不容置疑是偏正词组"你的腿脚"，但后面一句"栽倒了怎么办？"，只有"你"才可能出现"栽倒"，"腿脚"怎么"栽倒"？显然主语应该是"你"。但由于主语"你"在无形之中被省略了，就使后一句的主语变成了承前省的"腿脚"，产生了逻辑上的混乱，因而形成了"暗换主语"的语病。应在"从这些……"的前面加上一个"你"字，即改为："你的腿脚不灵便，你从这些筐子空里穿，不安全，栽倒了怎么办？"

当然，在习惯用语中，人们常常会不拘泥于形式，会把前一句的定语或宾语延续过来当主语，只要不造成歧义或费解，读起来不让人感到别扭，这种生动活泼的词句还是受大家欢迎的。

如上例，如果不从语法的角度，单从习惯用语上来看，大家是能够读懂的。而且这种错误，严格来说，主语并没有残缺，而是在无形中将上一句的主语换成了另一个主语，使得整个句子在意义的表达上产生了逻辑性错误，因而我们依然将此类语句归入主语残缺类型。但是，如果更换主语不恰当，或者造成理解上的困难，甚至误会，就不能不说是一种不能忽略的主语残缺语病了。

针对什么是"不能忽略的语病"，我们再一起来看看下面几个病例：

【病例2】：

谁在利用幻灯

　　某报的一篇评论中，有这样一段描述：剧中周副主席挥毫书写"千古奇冤，江南一叶，同室操戈，相煎何急"的时候，利用幻灯显示了气势磅礴的这十六个大字。（报纸摘录）

　　【诊断与治疗】： 是谁在"利用幻灯显示了气势磅礴的十六个大字"呢？按照字面及习惯上去理解，当然是剧中的"周副主席"了。可是这"周副主席"正在演戏，又怎么能"利用幻灯"呢？显然不管是从常理来说，还是从逻辑上来说，都是解释不通的，无法用"习惯用语"来说服读者，因而这样的"暗换主语"是不能忽略的。

　　所以应在"利用幻灯"之前加上"舞台上"几个字，才能使句子保持完整。即改为："……舞台上利用幻灯显示了气势磅礴的这十六个大字。"

【病例3】：

把谁送到妹妹王秀英房中

　　在介绍《王老虎抢亲》这部剧目时，有这样一句：江南才子周文宾男扮女装，被王老虎抢回家，把他送到妹妹王秀英房中。（剧情介绍摘录）

　　【诊断与治疗】： 由于句子较长，暗中更换主语也是造成缺主语的重要原因。上例中"把他送到妹妹王秀英房中"的"他"是指谁？很明显，此句前半部分的主语是"周文宾"，而后半部分却转换成了"王老虎"。不可能王老虎自己把自己"送到妹妹王秀英房中"吧？正是由于在第二句中暗换了主语，才出现了到底是把谁"送到妹妹王秀英房中"这样的

似是而非惹的祸——常见语病治疗

疑惑。这种主语的转换,实则让人啼笑皆非。这样的暗换主语,不能不引起重视。因此,在"把"字前加上"王老虎"这一主语是必不可少的,即改为:"《王老虎抢亲》中江南才子周文宾男扮女装,被王老虎抢回家,王老虎把他送到妹妹王秀英房中。"

(5)同时使用蒙后和承前两种形式省略主语

相连的两个句子,前一个分句的主语因为后一个分句的一成分的词语省略,后一个分句的主语又承前一个分句的某一成分的词语省略,这样,两个分句都形成了没有主语,造成的主语残缺,就称之为"同时使用蒙后和承前两种形式省略主语"的语病。

【病例1】:

两个分句均少了主语

读了青年蒋胜强的自述,给人一个启发:对青少年特别是失足青少年的教育,必须讲究方法。(报纸摘录)

【诊断与治疗】:前一个分句"读了青年蒋胜强的自述"的主语是泛指的人,因同后一个分句"给人一个启发"里的间接宾语"人"所指相同而蒙后省略;而后一个分句的主语应该是"青年蒋胜强的自述",因同前一个分句"对青少年特别是失足青少年的教育"的宾语相同而承前省略。因而造成两个分句都缺少了主语,形成主语残缺的语病。可以删去"读了"两字,把两个分句合并为一个单句。即改为:"青年蒋胜强的自述,给人一个启发:对青少年特别是失足青少年的教育,必须讲究方法。"

【病例2】:

承前省形式省略了主语

写真人真事的创作方法,近几年来曾提倡过,而且产生了许多写真人真事的作品。

【诊断与治疗】：这是一个递进复句，前一分句的主语是"创作方法"，后一部分的主语则不能是"创作方法"。由于承前省了，就使得后一部分的主语也成了"创作方法"。作者后一句的意思是："使用这种创作方法，产生了……"那么上半句应该改为："近几年来曾倡导过写真人真事的创作方法"。或将下半句改为："而且使用这种创作方法，产生了许多写真人真事的作品。"

（二）谓语残缺

我们都知道，一般句子中都有主语和谓语这两部分。相比之下，谓语显得更为重要。因为谓语是句中用以陈述、说明主语的句子成分，它告诉人们：主语所代表的人或事物做什么、怎么样、是什么等，因此，谓语是句子的主要成分之一。

那么，什么又是"谓语残缺"呢？所谓"谓语残缺"，就是指必须有、不能省略的谓语，由于某种原因，无形之中被丢掉，从而造成句子意思不完整，表达不清楚的错误。也就是说，如果不是表达所需要所允许的省略，该用谓语而未用的地方，主语自然就得不到陈述或说明，句意也得不到准确、恰当的表达，句子结构也就不完整，甚至还会连带地造成其他语义及语法关系上这样或那样的错误。这就是谓语残缺。

造成谓语残缺的原因有很多，概括起来主要有两大类：一是不恰当的省略丢掉了谓语；二是误用词性而造成谓语残缺。

下面，我们还是用病例对"谓语残缺"的两大类型，加以诊断与治疗。

（1）不恰当的省略丢掉了谓语

这种类型就是说，一句话说了主语，而谓语中心语还未表达出来，或谓语部分还没有叙述完，就另起一个头，转到了下一句上，造成谓语残缺，从而导致句子的意义表达不完整的错误。

【病例1】：

你知道什么叫"速度点"吗？

上完体育课，我肚子饿得不行，赶紧跑到餐厅吃饭。可是人太多，排了好长的队。为了能尽快吃到饭，我就对打饭的大婶："我要饭，速度点啊！"

大婶就对里面做饭的人喊："里面的快点，要饭的等急了！"（笑话改编）

【诊断与治疗】：难怪打饭的大婶要称之为"要饭的"，一句"我要饭"是可以把自己在瞬间变成"乞丐"。因为"要饭"这句话很容易产生歧义，一般有三种意思：一是表达"讨饭（即乞丐讨饭）"的意思，二是表达"要吃饭"的意思；三是表达"要的是米饭"而不是面条、包子、馒头等之类的食物。但一般意义上讲，"要饭"多指"乞丐"的行为，所以还是应该在"要"之后加上一个定语"米"，语意才明朗化。

笑过之余，我们还是一起来看看这句话有什么问题吧。先来看"我就对打饭的大婶"这句，"对打饭的大婶"怎么样？没有交代，让人不明白"我"对打饭的大婶会有什么行为表现，形成谓语残缺的语病。因此，应在"我就对打饭的大婶"后面加上一个能够充当谓语的行为动词"喊"或"说"，句子才完整。

再看后面一句"速度点啊"，"速度"是名词，不能充当谓语。因为在名词中，除了时间名词可做谓语外，其他均不能做谓语。所以该句应在

"速度"的后面,加上一个形容词"快",句子才完整,意思也才能表达清楚。

全句应改为:"⋯⋯为了能尽快吃到饭,我就对打饭的大婶喊(说):'我要米饭,速度快点啊!'"

【病例 2】:

来自"残运会"的报道

曾看到一篇宣传报道,非常感人。文章报道了九个残疾孩子参加残疾运动会百米赛跑,当跑到途中时,一个残疾孩子突然摔倒了,另外八个残疾孩子不约而同地停了赛跑,回过身,将摔倒的孩子扶起来,一同走向终点的感人事迹。

其中有这样一句话:"然后这九个残疾孩子便互相搀扶着,体育馆所有的观众都站起来,向他们报以热烈的掌声。"(报纸摘录)

【诊断与治疗】:例句中,"九个残疾孩子便互相搀扶着"做什么?谓语部分还没叙述完毕,就转到"所有观众向他们报以掌声"上,使前一句表达不完整,造成谓语残缺。应在"搀扶着"后加上"一起走向终点",整个句子才完整了。即改为:"然后这九个残疾孩子便互相搀扶着一起走向终点,体育馆所有的观众都站起来,向他们报以热烈的掌声。"

【病例 3】:

人身保险

经济学老师正在课堂上讲授被保险人与受益人的关系。

为了能讲得更形象一点,他举了个例子:"比如说,我投了人身保险,有一天我不幸被车撞死了,我爱人就可以,她就是受益人,那

似是而非惹的祸——常见语病治疗

么我是什么人?"

一个同学在下面回答道:"死人。"(笑话改编)

【诊断与治疗】:句中的"我爱人就可以"什么?没有下文,让人可以产生许多的疑问:"就可以"向保险公司索赔?"就可以"殉情?"就可以"获得赔偿金?……种种疑问的产生,就是缘于不恰当的省略,丢掉了谓语,造成谓语残缺,形成语病。

按照经济学老师的原意,应该在"我爱人就可以"之后加上谓语成分"获得赔偿金"或"向保险公司索赔",句子就完整了,即改为:"……我爱人就可以获得赔偿金"或"……我爱人就可以向保险公司索赔"。

(2)误用词性而造成谓语残缺

误用词性而造成谓语残缺,就是错把一些名词、介词性的词语当作动词性或形容词性的词语使用,让它们去充当句子的"谓语",结果这样的句子仍然缺少谓语,只是半截子话,无法完成交际使命。

近些年来,只要我们细心观察,书报杂志上这样的语病随处可见。我们应该明白:要想把话说清楚,让人听明白;或写的文章,让人看明白,弄清楚误用词性而造成谓语残缺的语病是很有必要的。

这种类型的错误包括以下两种情况:

A. 滥用名词性词语作谓语

在名词中,除了时间名词可做谓语外,其他均不能做谓语。所谓滥用名词性词语作谓语,一是句子本来有谓语,但由于滥用了名词性词语,使本来的谓语误变为其他成分;二是滥用的名词性词语进入句子之后,因没有恰当的动词充当谓语与之相配合,导致句子缺少了谓语。

这种语病主要出现于各类文稿中。我们还是通过语病实例来进行诊断与治疗。

【病例1】：

"副主编"原来还可以这样用？

此书是二十几所高校部分教师的集体创作,由中山大学哲学系主编,中国人民大学马列主义发展史研究所副主编。(见某报《简评〈马克思主义哲学史稿〉》)

【诊断与治疗】："副主编"是一个名词性的定中短语,它只具有名词的语法功能,不像"主编"那样还兼有动词的语法功能。就如"副指挥"、"副经理"、"副导演"、"副裁判"等都只能是名词一样,代表的是一个称谓、一个职务,不具有动词的语法功能。因此,句中的"副主编",不能充当句子的谓语。使得最后一个分句缺少谓语动词,形成滥用名词性词语作谓语的语病。因此,应在"副主编"之前加一个动词"任"来充当句子的谓语,全句才是正确的。即改为:"此书是二十几所高校部分教师的集体创作,由中山大学哲学系主编,中国人民大学马列主义发展史研究所任副主编。"

【病例2】：

"顾问"充当了谓语

本剧在剧本创作及排练过程中,承丁景唐同志顾问、指导,……(见某剧院《生命·爱情·自由》说明书中的《致谢》)

【诊断与治疗】：我们都知道,"顾问"这个词,是指人的名词。因此"顾问"不能在句中充当谓语。同时,从词序上来看如果丁景唐同志是担任该剧的顾问,那么"丁景唐同志顾问"这个同位词组的词序也不对,"顾问"一词应放在前面。因此,该句属于滥用名词性词语作谓语所造成的语病。

该句的修正可用动词"帮助"或直接用"多方指导"用作谓语,此外,

"本剧"与"剧本"在句中意思重复,可删去后者使句子更加简洁。即原句可改为"本剧在创作及排练过程中,承丁景唐同志帮助、指导……"或改为"……承顾问丁景唐同志多方指导……"均可。

【病例3】:

"笔记"的误用

当时虽然笔记了一个提纲和台词及舞台调度,终于没正式进行排练过。(见某戏曲杂志《杂谈〈铁弓缘〉改编前后》)

【诊断与治疗】:同上句一样,"笔记"在现代汉语中也是个指物的名词,不能在句子中充当谓语,因此前一分句缺少谓语,可将"笔记"改为"记录"。"记录"是行为动词,就完全可以充当谓语了。

此外,这个复句还有三处毛病:

一是第一分句的宾语中多用了一个不必要的量词短语"一个"及连词"和",可以去掉。"舞台调度"在这儿不宜充当宾语,实际上还少了一个宾语中心语,因而应在"调度"后加上"情况"两字以充当宾语;

二是第二个分句缺少主语和前后呼应的关联词语,应该加上一个转折词"但是",以起到承前启后的作用;

三是动词"进行"是多余的,完全可以去掉。

根据以上诊断出的问题,原句应改为:"当时虽然记录了提纲、台词及舞台调度情况,但是这出戏始终没有正式排练过。"

B. 误以介词或介词短语作谓语

介词短语只能用来修饰、限制或补充说明动词、形容词,即作状语或补语,少数介词短语可以作定语,但介词短语却不能作谓语。如果一旦处于谓语地位,就属于"误以介词短语作谓语"的语病。

【病例1】:

误 会

小王和小红是邻居,而且在一个单位工作,小王一直暗恋小红,但苦于没勇气表达。

一天,小王终于鼓起勇气向小红说道:"昨天,我在去你家的路上,想说那个……那个事,你知道了吗?"

小红以为说的是昨天在家门口的路上小王牵着小狗遇到自己,小王家的狗咬她家狗的事,小王是向她道歉来了,于是便大方地说道:"哦,没什么,那只不过是两条狗之间的事而已,别放心上!"(笑话改编)

063

【诊断与治疗】:上例中的"我在去你家的路上"中的介词"在",无形之中充当了谓语,让人无法理解"我在去你家路上"怎么样? 在没有交代清楚的情况下,马上又转入"想说那个……那个事",谁和谁说"那个事"? 都很难让人明了。最后再来一句"你知道了吗?"着实让人费解。难怪小红只能通过联想,产生了误会,闹出了笑话。属于误以介词作谓语的语病。应删除介词"在",并在"路上"后加上谓语"遇到"及宾语"你",句子就完整了,意思也就明朗化了。即改为:"昨天,我去你家路上遇到你,想说那个……那个事,你知道了吗?"

【病例2】:

建设社会主义强国靠什么?

一则宣传报道上的话:我国人民正在意气风发地为建设一个现代化的社会主义强国。(报纸摘录)

似是而非惹的祸——常见语病治疗

【诊断与治疗】："……正在……为"后面没有了下文。这个句子因为介词"为"取代了"建设"的谓语资格,从而造成了误以介词短语作谓语的语病。

修改的办法:一是去掉"为",恢复"建设"的谓语地位;二是在最后加上"而奋斗"作为句子的谓语。可改为:"我国人民正在意气风发地建设一个现代化的社会主义强国"或"我国人民正在意气风发地为建设一个现代化的社会主义强国而奋斗"。

(三)宾语残缺

宾语是动词谓语的连带成分,表示动作、行为的对象或结果,用在动词之后,回答"谁"或者"什么"这类问题。

如果宾语残缺,动作就没有了对象,行为就没有了结果,意思也就表达不清楚了。

不过,大家要注意一点,不及物动词(自动词),不需要宾语,但及物动词必须带宾语。也就是说,带有不及物动词(自动词)的句子,在一定条件下,宾语可以省去,且省去的宾语可以找回来。后面没有宾语,不属于宾语残缺,与宾语残缺不是一码事。我们所说的宾语残缺是指应该有宾语的句子,由于处理不当,而把宾语丢掉,使得句子意思表达不完整的语句。

"宾语残缺"主要有三种类型,下面我们就以病例形式一一加以解析。

1.把及物动词当成了不及物动词用

前面已经讲过,不及物动词不需要宾语,但及物动词必须带宾语,两者不一样。如果误把及物动词当成不及物动词,那么就会造成宾语残缺的语病。

【病例1】：

到底推广了什么？

近两年来,他们在全县推广了马河大队坚持科学种田。(报纸摘录)

【诊断与治疗】：很明显,"推广"是一个及物动词,"推广"什么？没有交代,那么,后面就必须要加上一个能够充当宾语的词"……的经验",句子才算完整。该病例属于把及物动词当成了不及物动词宾语残缺的语病。应改为："近两年来,他们在全县推广了马河大队坚持科学种田的经验"。

【病例2】：

"告诉"家长什么？

小明很淘气,跑到邻居家的果园偷吃草莓,结果被发现了。邻居阿姨问他："你叫什么名字？我要告诉你的家长！"

小明神情自若地说："不用了,我的dad妈妈都知道我叫什么名字。"(笑话改编)

【诊断与治疗】："你叫什么名字？我要告诉你的家长！"告诉家长什么？没有表达出邻居阿姨的本意:告状！也就是说,正是把及物动词"告诉"当成了不及物动词使用,造成句子缺少宾语,让人不能正确理解邻居阿姨的本意,误解为邻居阿姨是要小明告诉她名字,她要把小明的名字告诉其家长。难怪小明要说"不用了,我的dad妈妈都知道我叫什么名字"。

为了正确表达其本意,应该在家长后加上"告诉家长"什么的宾语成分,可以加上"偷吃草莓"作为句子的宾语,即改为："你叫什么名字？

我要告诉你的家长你偷吃草莓!"

2. 小宾挤大宾

我们都知道,宾语里往往带有定语成分,但如果充当定语的词组是述宾词组或主谓词组,那么在这样的词组中有可能还包含着另一个宾语,这种处于更小层次的宾语很容易排斥大层次中的宾语,形成语病。

【病例1】:

人民担当命运?

当民族危急的关头,只有人民才能担当拯救民族危亡的命运。(书籍摘录)

【诊断与治疗】:这句话有些绕,我们一层一层地来进行分析。"民族危亡的命运"是一个偏正词组;"拯救……命运"是述宾词组;而"拯救……命运……"又应构成一个偏正词组;最后形成"担当……命运……"再组成一个述宾词组。结构复杂,让人有些难分解。其实,通过分析,我们就会发现,这句话实质就是在"命运"之后缺少宾语中心语"的重任"。宾语中心主的残缺,就是因为述宾词组"担当……重任"里还有述宾词组,而里面的述宾词组"拯救……命运"是完整的,这就容易给人一种似是而非的"完整",使人以为大的述宾词组也有了宾语或宾语中心语。造成小层次的宾语排斥掉了大层次中的宾语"的命运"。形成了"小宾挤掉了大宾"的语病。

因此,原句应改为:"当民族危急的关头,只有人民才能担当拯救民族危亡的命运的重任(使命)。"

【病例2】:

听了张海迪同志的什么?

听了张海迪同志讲述她身残志不残,努力学习各种知识,治好了许

多病人，我们深受教育。（习作摘录）

【诊断与治疗】：句中的"努力学习各种知识"、"治好了许多病人"里面都有宾语，似乎句子已经完整了，其实不然。因为前面的"听了"什么，还需要有支配的对象，需要有一个宾语中心语来充当大宾语。正是因为处于分句中更小层次的宾语排斥掉了大层次中的宾语，便漏掉了大层次述宾词组的中心语"的报告"或"的事迹"，造成宾语残缺语病。所以，应在句子"许多病人"后添加上应有宾语中心语"的报告"或"的事迹"。即改为："听了张海迪同志讲述她身残志不残，努力学习各种知识，治好了许多病人的报告（事迹），我们深受教育。"

3. 宾定过长

所谓宾定过长，是指在应有的宾语中心语之前有一个比较长的定语，由于定语较长，就把宾语的中心语给挤掉了，这样的句子，就属于宾定过长，而由此造成的语病，就称为宾定过长所造成的宾语残缺的语病。

【病例1】：
周总理颂扬陈毅什么？

周总理在悼词中颂扬陈毅同志一生坚持战斗、坚持工作，努力为人民服务。朱德同志写诗哀悼陈毅同志……（报纸摘录）

【诊断与治疗】：既然是"颂扬"，当然应该有个对象，应该有个宾语中心语"精神"或"品德"之类的词。在上句中，由于应有的宾语中心语之前的定语较长，无形之中宾语中心语就被挤掉了，只剩下了"陈毅同志一生坚持战斗、坚持工作，努力为人民服务"，形成了因定语过长造成宾语残缺的语病。所以，应在"服务"之后加上宾语中心语"的精神"或"的品德"，即改为："周总理在悼词中颂扬陈毅同志一生坚持战斗、坚持工作，努力为人民服务的精神（品德）。朱德同志写诗哀悼陈毅同志

似是而非惹的祸——常见语病治疗

......"

【病例 2】:

他们坚持了什么

他们坚持因陋就简,土洋结合,因地制宜,就地取材,由小到大,逐步发展;研究、制造、使用相结合,维修、改革、创造相结合;大家动手,群策群力,反复试验,艰苦奋斗、勤俭办企业。(报纸摘录)

【诊断与治疗】:由于作者在句中使用了分号,从整句来看,作者在写"坚持"时,可能已经想到宾语是个偏正词组"......的方针"或"......的准则"。然而,由于定语过长,长达 60 多个字,写到后面,作者或许就把宾语中心语给忽略掉了,便自认为句子已经完结,语意也亦表达清楚,便在没有完结的句子中断了句,造成因宾定过长而致使宾语残缺的语病。因而正确的句子应在句末加上"......的方针"或"......的准则"。即改为:"他们坚持因陋就简......艰苦奋斗、勤俭办企业的方针(准则)。"

遇到上例情况,建议最好不采取保留长定语的办法,可以用"这样的"、"下列的"之类的词代替长定语,再加中心语构成偏正词组作宾语,然后再写长定语,这里长定语就变成下一句的谓语了。

如上例就可以用这样的方式来写:"他们坚持这样的方针,因陋就简,土洋结合,因地制宜,就地取材,由小到大,逐步发展;研究、制造、使用相结合,维修、改革、创造相结合;大家动手,群策群力,反复试验,艰苦奋斗、勤俭办企业。"这样一来,就可避免因宾定过长而致使宾语残缺的语病,不失为分化长句的一个好办法,大家可以根据需要进行借鉴。

【病例 3】:

引进轻型卡车?

该厂引进了具有 90 年代中期国际先进水平的日本 50 铃 N 系列轻

型卡车,成为国内第一家合资生产50铃N系列轻型卡车的厂家。(报纸摘录)

【诊断与治疗】："引进"的宾语呢？我们都知道,引进的应该是生产技术,而不应该是"轻型卡车",缺失了应有的宾语中心语"生产技术"作为句子中的宾语,就让人理解成"引进"的是"轻型卡车"了,因宾定过长造成宾语残缺的语病。应在第一个"轻型卡车"后加上宾语成分"生产技术",句子才完全了。即改为："该厂引进了具有90年代中期国际先进水平的日本50铃N系列轻型卡车的生产技术,成为国内第一家合资生产50铃N系列轻型卡车的厂家。"

【病例4】：

定语过长替代了宾语

依据纪律处罚办法,决定给予该队员停止参加今年余下所有甲级队比赛资格,并罚款人民币4万元。(2004年青海高考题)

【诊断与治疗】："给予"什么？后面虽有内容,但显然都不是"给予"的,只是宾语的定语。由于定语过长,应有的宾语中心语"处罚"被替代了,造成宾定残缺的语病。应该在"4万元"之后加上宾语中心语"的处罚",句子的意思就可表达清楚了。即改为："依据纪律处罚办法,决定给予该队员停止参加今年余下所有甲级队比赛资格,并罚款人民币4万元的处罚。"

(四)其他成分残缺

"其他成分残缺",主要是指主语残缺、谓语残缺、宾语残缺之外的其他成分残缺。成分残缺,一样使句子结构不完整,语意表达不清楚,必须引起重视。

"其他成分残缺"的语病主要有以下几种类型：

1. 述语残缺

一般情况下，句子里都有述语动词，但由于某种原因，丢掉了这个述语动词，就叫"述语残缺"。

形成"述语残缺"有两方面的原因：

一是误用名词性偏正词组做谓语。一般来说，名词性偏正词组是可以做谓语的，这种情况主要是用来描写人物的外貌。但是，用名词性偏正词组做谓语是有条件的，也就是说，整个句子不能让人感觉缺少一点什么，如果缺少了什么，就称其为述语残缺。

二是由于疏忽而丢掉了述语，这种情况很普遍，只要加以注意，是完全能避免的。

下面，我们用病例针对以上两种情况，一一加以诊断与治疗。

【病例1】：

"不同类型"与"类型不同"的妙用

这些角色不同类型，距离相当大，如果没有善于塑造人物性格的技巧，那是演不好的。（报纸摘录）

【诊断与治疗】：这句话中的"不同类型"是名词性偏正词组，用来做谓语去陈述主语"这些角色"，总让人读起来有一种结构不完整、前后脱节的感觉，属于误用名词性偏正词组做谓语语病。如果在"角色"后加上一个述语"属于"，变成"这些角色属于不同类型"，整个句子就变通顺了。

还有一个更好的改法是颠倒次序，变为主谓词组，即把"不同类型"变为"类型不同"，读起来也就不拗口了，还避免了"述语残缺"的问题。全句可改为："这些角色类型不同，距离相当大，如果没有善于塑造人物性格的技巧，那是演不好的。"

【病例2】：

陈述性在句中的作用

我国地大物博，人口众多，真是物华天宝，人杰地灵。但是旧中国漫长岁月，贫穷落后。（报纸摘录）

【诊断与治疗】："漫长岁月"是个偏正词组，属于名词性的词组，只描写时间的漫长，对"我国"没有什么描写修饰作用，用以做谓语，缺少陈述性，整个句子读起来总让人感觉缺少了一点什么。此句有两种修改方法：

一是在"旧中国"后加上一个动词"经过了"，改为："但是旧中国经过了漫长岁月"，对比起来就感觉好多了，不仅增加了陈述性，且句子也变得通顺了。

二是与上例一样，颠倒次序，把"漫长岁月"改为"岁月漫长"，这样一改，"岁月漫长"就成为陈述句了。

全句应改为："我国地大物博，人口众多，真是物华天宝，人杰地灵。但是旧中国经过了漫长岁月（但是旧中国岁月漫长），贫穷落后。"

【病例3】：

疏忽而丢掉了述语

目前中外史学界有一个偏向，好研究小题目，忽略大问题，不求融会贯通地去对待历史知识。（报纸摘录）

【诊断与治疗】：在口语里，这种句子往往不加判断动词"是"，但在要求精密化程度高一些的书面语里，还是应该加上，这种情况就属于疏忽而丢掉了述语，使得句子读起来总是有些不顺畅。应该在"偏向"后加上"就是"两字，至少应把"偏向"后的逗号改为冒号。即应改为："目

前中外史学界就是有一个偏向:好研究小题目,忽略大问题,不求融会贯通地去对待历史知识。"

2.定语残缺

就上下文来说,有些定语必须完整,不能欠缺其中的任何一个词,才能适应上下文的需要。如果在定语中缺少了其中的某个词,就形成了定语残缺语病。

我们都知道,定语能限定中心语,通过中心语的限定,形成不同的概念;如果缺少应有的定语,则会造成概念不准确。所以,定语并不是在任何情况下都可多可少的,处理不当,就会造成定语残缺的语病。

【病例1】:
形容人与形容其他的定语应加以区分

《陈毅出山》正是摈弃了概念化的桎梏,忠实于生活,把戏剧纠葛的主线,放在陈毅说服极端忠诚却又非常狭隘、性格固执的游击队司令韩山河身上。(报纸摘录)

【诊断与治疗】:"极端忠诚"可以形容人,"固执"也可形容人(前面有了性格,就可以理解为形容人的性格),而"狭隘"作为定语来形容"游击队司令韩山河"显得不充分,与前面形容人的词衔接不上,让人感觉概念不准确。因此,可在"非常狭隘"前加上一个定语"思想",也就是说,是思想上"狭隘",语意就明朗化了。

全句应改为:"《陈毅出山》正是摈弃了概念化的桎梏,忠实于生活,把戏剧纠葛的主线,放在陈毅说服极端忠诚却又思想非常狭隘、性格固执的游击队司令韩山河身上。"

【病例2】：

"现代文学革命运动"的原因

"五四"前夕，共产主义思想的传播，是中国现代文学革命运动最直接的原因。（讲义摘录）

【诊断与治疗】：应该说"中国现代文学革命运动"谈不上有什么原因，仅仅一个以名词为中心语的偏正词组没有什么原因可说。我们可以类比看看下面所列举的词组：

中国革命的原因

这次事件的原因

李白诗歌的原因

这部长篇小说的原因

电子计算机的原因

……

如此种种的说法，其实都是不正确的。也就是说，如果单单用一个名词性偏正词组来修饰所要阐述的"原因"是明显困难的，也是让人无法叙述清楚的。

那么，如何才能让这些以名词为中心语的偏正词组能够修辞所要阐述的"原因"呢？这就需要在这些以名词为中心语的偏正词组前加上"产生"、或者在"的"之前加上"产生"、"发展"之类的动词，定语才算完整。如上面的例子，加上相应的动词，就可变为：

产生中国革命的原因……

这次事件发生的原因……

李白诗歌流传的原因……

推荐这部长篇小说的原因……

对电子计算机感兴趣的原因……

加上不同动词的定语，就避免了因定语中缺少了其中的某个词，而

似是而非惹的祸——常见语病治疗

形成"定语不全"的语病。

因此,上述病例中,可在"是"之后加上"产生",在"最"之前加上"的",即改成:"'五四'前夕,共产主义思想的传播,是产生中国现代文学革命运动的最直接的原因。"

当然,也可改成:"'五四'前夕,共产主义思想的传播,是中国现代文学革命运动能够产生(或发展)的最直接的原因。"

3. 状语残缺

【病例1】:

抽烟的都掐死

许多公共场所,都会有"禁止吸烟"的提示语。然后,屡禁不止,总是有人我行我素。所以,每当开会时,经理就会大声对抽烟的员工说:"抽烟的都掐死!"(发言摘录)

【诊断与治疗】:"抽烟的都掐死!",这句话听上去总让人有一种毛骨悚然的感觉!这是因为这句话的"掐死"前少了作为状语的介宾短语"将烟",正是少了关键性的两个字,才产生歧义,属于"状语残缺"的语病。如果加上"将烟"两字,改为"抽烟的都将烟掐死!"就不会产生歧义了。

【病例2】:

冠军和亚军落谁手?

在本届演讲比赛中,青年干部代表队和青年职工代表队获得冠军和亚军。(报纸摘录)

【诊断与治疗】:"青年干部代表队和青年职工代表队获得冠军和亚

军"这句话中,因为少了作为状语的"分别"两字,容易让人理解为两个队同时获得了"冠军和亚军"两个奖项,属于"状语残缺"的语病。应改为:"在本届演讲比赛中,青年干部代表队和青年职工代表队分别获得冠军和亚军。"

4.中心语残缺

中心语是偏正短语中被修饰语所修饰、限制的中心成分。在含有多层定语或多层状语的偏正词组中,每一层定语或状语所修饰的中心语成分都是中心语。

中心语是偏正词组的结构和语义的核心,其语法功能与整个偏正词组的语法功能基本一致。

在句子中,如果缺失了中心语成分,就称为中心语残缺。

【病例1】:

是什么导致了得不偿失

那种不顾林区实际,片面强调粮食生产,到头来只能是得不偿失。(报纸摘录)

【诊断与治疗】:"不顾林区实际,片面强调粮食生产"是一种行为的描述,但却缺少能够明确表达这种行为的最终结果是什么的中心语,使语意没有表达完整,形成"中心语残缺"语病。此语病的治疗有两种办法:

一是在"生产"后加上中心语"的做法",改为:"那种不顾林区实际,片面强调粮食生产的做法,到头来只能是得不偿失。"

二是删去指示代词"那种",让"不顾……生产"做主语,一样可以避免中心语残缺的语病。即改为:"不顾林区实际,片面强调粮食生产,到头来只能是得不偿失。"

【病例2】：

天性被忽略了吗？

有的儿童文学偏重于教育和理性,过多地注入了成人思想,孩子天性中的爱游戏、爱求知、爱趣味、爱幻想被忽略了。(论坛摘录)

【诊断与治疗】：不应该是"天性中的……被忽略了",而应该是"爱游戏……的天性被忽略了",这是两种不同的意思,前者制约的是"天性中的……"什么被忽略,后者制约的是"什么的天性"被忽略。由于中心语的残缺,造成了概念不清,表述不当的"中心语残缺"语病。此语病的治疗有两种办法：

一是删去"孩子"后的"天性中的",在"被"字前加上"的天性"作为定语,改为："……孩子爱游戏、爱求知、爱趣味、爱幻想的天性被忽略了。"

二是在"被"字前加"的特性"作为定语,一样能达到使句子完整的效果。即改为："有的儿童文学偏重于教育和理性,过多地注入了成人思想,孩子天性中的爱游戏、爱求知、爱趣味、爱幻想的特点被忽略了。"

5. 介词残缺

介词是一种虚词,不能独立作句子成分,一般与名词或代词(或相当于名词的其他词类、短语或从句)构成介宾短语,才能充当句子成分。

介宾短语有以下语法特征：

一是表示时间、处所、方式、对象等语法意义,如：

从明天(开始)(表示时间)　在家(自修)(表示处所)

按原则(办事)(表示方式)　把作业(做完)(表示对象)

二是介宾短语主要充当状语,修饰动词或形容词。如：

"从车上下来"、"比他高"。有的介宾短语可以作定语,但要加"的",如："对历史人物的评价"、"在桌子上的书"。少数介宾结构可以充当补语,如："工作到深夜"、"睡在床上"。介宾短语不能做谓语。

三是"在、向、于、到、给、自"等可以直接附着在动词或其他词语后边,构成一个整体,相当于一个动词。如:"落在我身上"、"奔向21世纪"、"取决于你的考试成绩"、"勇于实践"、"走到了目的地"、"献给人民"、"来自纽约"。

现代汉语的介词大多数是从古代汉语演变而来的,有些词还兼有介词和动词两种功能。如"在、为、比、到、给、朝、经过、通过"等。

四是介宾短语在句中可作定语、状语、补语。介词短语作定语时,一般放在被修饰词的前面。

弄明白了介宾短语的语法特征,再来看什么是"介词残缺"就简单了。在句子中,应该使用介词的句子,如果没有使用,造成表意不明,就属于介词残缺语病。

【病例 1】:

与谁分道扬镳?

他有说不清的后悔,道不明的愧疚,怎么就和自己同过患难,共过生死的朋友分道扬镳了呢?(书籍摘录)

【诊断与治疗】:"和"可以是名词、动词、形容词,也可以是连词、介词,在不同的语意里,有着不同的词性。在上句中,"和"的词性是介词,它的宾语是"……朋友"而不是"自己"。这里,由于"自己"前缺少了另一个介词"与",使得"和"似乎只和"自己"构成介宾短语,使得句子意思表达成"自己"和"自己""同过患难,共过生死"。这显然不合句意。要表达出是"他(自己)"与"同过患难的朋友""分道扬镳",就必须在"和"字后再加一个介词"与",意思才能表达完整。正因为缺少了一个介词"与"在中间起到桥梁的作用,才导致语意表达不清,形成"介词残缺"的语病。原句应改为:"他有说不清的后悔,道不明的愧疚,怎么就

和与自己同过患难,共过生死的朋友分道扬镳了呢?"

【病例2】:

与"包括"相呼应的词语不能少

俄罗斯也进行了一些改革,如禁止政府官员使用进口汽车,推行住房商品化,以及精简包括电力公司、铁路公司等大型国有企业等。(2002年高考题)

【诊断与治疗】: 既然前面有了"包括……",那后面就应该有个"包括"的范围,由于缺少与"包括"相呼应的词语"在内",导致出现了"介词残缺"的语病。应在"铁路公司等"之后加上介词"在内","等"字重复,可去掉结尾的"等"字。将原句改为:"俄罗斯也进行了一些改革,如禁止政府官员使用进口汽车,推行住房商品化,以及精简包括电力公司、铁路公司等在内的大型国有企业。"

总之,成分残缺是比较难辨析的一种语病类型,文学作品、报纸杂志、高考题中经常出现。辨析这种语病,不仅需要我们有较好的语感,更需要我们熟悉缺少句子成分的几种主要情况及类型,掌握并能加以解析,就等于降低了辨析语病的难度,从而避免因成分残缺,而让人啼笑皆非。

四 成分赘余 絮语唠叨

所谓成分赘余,是指一个结构完整、句意明晰的句子,表达上使用了不必要的词语作句子组成部分所形成的语病。

它的主要特征是用词语义重复。在修改病句练习中,赘余是一个让学生感到头疼的难点。它是病句中的一个重要类型,也是教学中的一个难点。我们主要从主语赘余、谓语赘余、宾语赘余、附加语赘余、虚词赘余等五种主要类型进行诊断与治疗。

（一）主语赘余

一般是句子较长，前一个主语说出后，紧接着有一个较长、较复杂的状语，作者可能忘了前面的主语，往下说时就又另外开头，再来一个主语，就造成了主语多余，这样的语病就叫"主语赘余"。

要注意：主语多余的句子，前后两个主语所指的应该是同一事物。

【病例1】：

飞机上的囧事

航班上我旁边坐一姑娘，端庄靓丽。我不禁心生向往，于是搭讪说：你也直飞北京呀？

她抬头看了看我：你觉得我会中途下机吗？

还很幽默，只是口气不怎么友好。但我并不想就此作罢，继续没话找话说："还好，我和你我们中途可以聊聊。"

她白了我一眼说：你在看《读者》，而我在读《China Daily》，你觉得我们会有共同语言吗？

气死我了，我都没好意思说她盯着牛皮癣的广告看半天了。（笑话改编）

【诊断与治疗】：这则笑话的问题出在"还好，我和你我们中途可以聊聊。"这句话上。"你和我"就是"我们"了，后面再来一个"我们"，显然主语多余，形成主语赘余的语病。去掉"我和你"就可以了，改成："还

好,我们中途可以聊聊。"

【病例2】:

"头上"再"谢顶"?

他岁数不大,可是头上已经谢顶了。(书籍摘录)

【诊断与治疗】:"谢顶"是指"头顶上的头发逐渐脱落",词义已含有"头上",如果再加上"头上"两字,就属于主语赘余的语病了。应将"谢顶"前的"头上"一词去掉,改为:"他岁数不大,可是已经谢顶了。"

【病例3】:

抛头颅洒热血的是革命先辈

我们的革命先辈,为了人民的利益,为了将革命进行到底,这些革命战士抛头颅洒热血,献出了宝贵的生命。

【诊断与治疗】:前面已经有了"我们的革命先辈",后面再来一个"这些革命战士",主语多余,形成主语赘余的语病。应删去"这些革命战士",改为:"我们的革命先辈,为了人民的利益,为了将革命进行到底,抛头颅洒热血,献出了宝贵的生命。"

(二)谓语赘余

有些句子已有一个动词作谓语了,又加进一个动词,形成谓语多余,这样的语病就叫"谓语赘余"。

【病例1】：

过干瘾

收入不高的老刘发了200元的奖金，想给老婆买件衣服。于是，俩人来到了商场，各式各样的女装让并不爱逛街的老刘看得眼花缭乱，再一看衣服上的价格，吓得老刘拽着老婆就想出去。可是老婆死活不肯，还大模大样地走进了一家女装专卖店。

不错的室内装修让老刘一看就知道价格不菲。看着老婆进进出出于试衣间，老刘摸摸口袋里都快捏出水来的200元钱，不禁走到试衣间门口，对正好穿着一套高档衣服地老婆悄悄说：

"老婆，咱们走吧，咱这钱只能买几粒扣子。"

"嘘……还有一套，我正在进行试穿，咱买不起，过过干瘾还不行啊？"（笑话改编）

【诊断与治疗】： 虽然是一则笑话，但总有一种笑不出来的感觉。像这种因买不起而"过过干瘾"的应该不乏其人。

"我正在进行试穿"中，谓语是"试穿"，前面又多了个谓语"进行"，而"进行"与"正在"属于同类词意的词，重复使用，从而形成"进行"这个谓语赘余的语病。应删除"进行"两字，改为："我正在试穿，咱买不起，过过干瘾还不行啊？"

【病例2】：

内容重叠，形成谓语赘余

按照民主程序，他们选出了自己信任的村长，负责掌握管理全村的行政事务。（书籍摘录）

【诊断与治疗】：句中的"负责"与"掌握管理"都属于应尽的责任，内容重叠，形成谓语赘余的语病，应删去其一。改为："按照民主程序，他们选出了自己信任的村长，负责全村的行政事务"或"按照民主程序，他们选出了自己信任的村长，掌握管理全村的行政事务"。

【病例3】：

实属是……

他们谩骂法院执法人员，殴打执行公务的干警，这实属是藐视法律尊严与权威的违法行为。（报纸摘录）

【诊断与治疗】："实属"的含义为"确实是"，词义已含有"是"。"实属"后的"是"字赘余，应去掉。改为："这实属藐视法律尊严与权威的违法行为。"

（三）宾语赘余

有些句子，谓语已经带上了合适的宾语，又在后边加上一个多余的宾语，这样的语病就叫"宾语赘余"。

【病例1】：

捡到的是空调吗？

某学生在日记中写道："我在路上捡到一个家用电器，然后把它装在书包里带回了家，爸爸看了说捡的这是空调。"

老师批阅："写日记一定要贴近自己的生活，不要胡编乱造。"

那学生在老师的评语后加上："这是老师

过于多虑的想法,我只是写到最后的时候,笔没水了,还有'遥控器'三个字没有写出来。"(笑话改编)

【诊断与治疗】:真是让人哭笑不得!这则笑话的问题,出在学生说的"这是老师过于多虑的想法"这句话中。"虑"本来就有"思考"与"考虑"的意思,而"想法"与之语义相同,形成"宾语赘余"的语病。删去"的想法",改为:"这是老师过于多虑了,我只是写到最后的时候,笔没水了,还有'遥控器'三个字没写出来。"

【病例2】:

"十里路"不是"距离"吗?

我们不知不觉就走了十里路左右的距离。(书籍摘录)

【诊断与治疗】:前面已经说了是"十里路左右",后面再来一个"的距离",宾语重复,形成"宾语赘余"的语病。就删去"的距离",改为:"我们不知不觉就走了十里路左右。"

【病例3】:

"未来"不是"远景"?

近年来,龙口市各行政村以南山精神为动力,在新农村建设中励精图治,辛勤耕作,描绘了家园未来美好的远景。(报纸摘录)

【诊断与治疗】:"远景"是"未来的景象",词义本身已含有"未来"的意思,再加一个"远景",宾语赘余,形成语病。应将"美好"后的"远景"去掉,并把"美好的"调整到"未来"之前,改为:"在新农村建设中励精图治,辛勤耕作,描绘了家园的美好未来。"

似是而非惹的祸——常见语病治疗

（四）定语赘余

定语赘余,是指两个定语在意思上重复以及定语和句中的某一句子成分在意思上重复,从而显得多余的语病。

【病例1】:

截止日期的最后一天

电视里常常听到这样的广告语:明天就是促销活动截止日期的最后一天。心动不如行动,赶快疯狂抢购吧。（电视广告语摘录）

【诊断与治疗】:"截止日期"也就是"最后一天"。意思重复,形成"定语赘余"的语病。应将"截止日期"之后"的最后一天"去掉,改为:"明天就是截止日期。"

在这里,要提醒大家,"截止日期"与"截止目前"不一样。严格来说,"截止目前"这种说法是有问题的,是把"截止"跟"截至"搞混了。

"截止"表示到某个时间停止,强调"停止";而"截至"表停止于某个时间,强调"时间"。从用法上说,两者有明显区别。"截至"后面须带时间词语（做宾语）。例如:截至目前、截至昨天等;"截止"不能带时间词语（做宾语）。"截止"一般用于时间词语之后,如:"报名工作已于昨日截止"、"售票将在本月底截止等"。

因此,可以说"截至目前",不能说"截止目前"。但是,可以说"截止到目前",因为"截止到"相当于"截至"。

而"截止日期",这种说法跟上面说的情况不同,"日期"不是宾语,这里的"截止"是定语,"日期"是中心语。所以,"截止日期"这种说法是可以的。

【病例2】：

"工作"太多，往往赘余

一年多来，妇女工作已经打下了相当的工作基础，取得了丰富的工作经验。（讲话摘录）

【诊断与治疗】：虽然妇女工作是很多，但也不至于要用这么多的"工作"来表达吧？定语重复，形成"定语赘余"的语病。这句话中的后两个"工作"都应删去，改为："一年多来，妇女工作已经打下了相当的基础，取得了丰富的经验。"

【病例3】：

不合法、不透明的暗箱操作……

如何避免比赛过程中不合法、不透明的暗箱操作现象，已经成为困扰本届组委会的首要问题。（论坛摘录）

【诊断与治疗】："暗箱操作"就含有"不合法、不透明"的意义。试想，难道还有合法的、透明的暗箱操作吗？两词的运用纯属多余，形成"定语赘余"的语病。应去掉"不合法、不透明"，改为："如何避免比赛过程中的暗箱操作现象，已经成为困扰本届组委会的首要问题。"

【病例4】：

长期以来的夙愿

王小惠勤学苦练，顺利地通过了层层检测，当上了文艺兵，总算实现了长期以来的夙愿。（书籍摘录）

【诊断与治疗】："夙愿"就是"很早就有的愿望"，词义已含有"长期以来"的意思。"夙愿"前的"长期以来的"属于定语赘余，应去掉。改

为:"王小惠勤学苦练,顺利地通过了层层检测,当上了文艺兵,总算实现了夙愿。"

(五)状语赘余

状语赘余,是指两个状语在意思上重复以及状语和句中的某一句子成分在意思上重复,从而显得状语赘余的语病。

【病例1】:

随便苟同

一落魄书生与一小偷在聊天儿。

小偷:"做小偷,蛮好的!"

落魄书生:"有什么好?"

小偷:"伸手就是钱!"

落魄书生:"你的意见我不敢随便苟同。"

小偷:"你才是狗!"(笑话改编)

【诊断与治疗】:与小偷"苟同",不说你是"狗"才怪!

其实这句话恰恰犯了"状语赘余"的语病。因为"苟同",即"随便、轻易地同意"。因此,"苟同"前的"随便"赘余,应去掉,改为:"你的意见我不敢苟同。"

【病例2】:

永远长眠

随着三峡水库的建成,有着2300多年历史并享有"诗城"美誉的古城奉节,将永远长眠江底。(报纸摘录)

【诊断与治疗】:"永远"本身就包含了"长",意思重复,形成"状语赘余"的语病。应将"永远长眠"改为"永眠"。原句改为:"随着三峡水库的建成,有着2300多年历史并享有'诗城'美誉的古城奉节,将永眠江底。"

【病例3】:

提前预支

张平最近新交了女朋友,周末想请女朋友吃饭。但他属于典型的"月光族"(即每月工资花光光),几乎是每周四发的薪水,在周五、周六两天里就能挥霍一空。

于是,已是囊中羞涩的张平,只好向好友何灵借钱,没想刚一说借钱,何灵就说:"打住,你要晚开口一分钟,就该是我向你借钱了,我连下个月的工资都提前预支了。"(笑话改编)

【诊断与治疗】:看来这俩人都属于"月光族"的优秀成员!"预支"就是"预先支付或支取",包含有"提前"的意义。因而"预支"前的"提前"赘余,属于"状语赘余"的语病。应将"提前"去掉,改为:"打住,你要晚开口一分钟,就该是我向你借钱了,我连下个月的工资都预支了。"

(六)附加语赘余

附加语就是句子的修饰成分,是补充语义的成分,它可以分为定语附加语和状语附加语。附加语可以附加在句子的任何成分甚至句子上,包括附加语自身都可以带附加语。但如果使用附加语过多,就会形成附加语赘余的语病。

【病例1】：

您的令爱

您的令爱在哪个学校读书？（口语摘录）

【诊断与治疗】："令爱"是敬辞，用于称呼对方的女儿，词义已含有"对方"即"您"的意思。故"令爱"前的"您的"赘余，应去掉。改为："令爱在哪个学校读书？"

【病例2】：

"内行人"与"贻笑大方"

时下的商店和商品名在吸收外来词时，追求时髦，哗众取宠，令人费解。这些叫人看不懂的地方，只会让内行人贻笑大方。

【诊断与治疗】："贻笑大方"中的"贻笑"，让人笑话；"大方"，原指懂得大道的人，后泛指见识广博或有专长的人，指让内行人笑话。也就是说，"贻笑大方"与"内行人"意思相同，在一句话中同时出现，形成语病。因此，"贻笑大方"前的"内行人"赘余，应去掉。改为："这些叫人看不懂的地方，只会贻笑大方。"

【病例3】：

不可缺少的必需品

随着通讯日渐发达，手机几乎成为大家不可缺少的必需品，但使用量增加以后，关于手机质量的投诉也越来越多。（电视配音摘录）

【诊断与治疗】：既然说了是"必需品"，

那么显然就应该是"不可缺少的"。因此,"必需品"前的"不可缺少"赘余,应删除。改为:"随着通讯日渐发达,手机几乎成为大家的必需品……"

【病例4】:

先后陆续

2005 年 7 月以来,湖南宁乡县偕乐桥镇石桥村 10 多名中小学生先后陆续收到高校的录取通知书,有的人竟收到了 10 份。(电台播音摘录)

【诊断与治疗】:"陆续"的含义是"表示动作行为先先后后、断断续续",词义已含有"先后"的意思。因此,"陆续"前的"先后"赘余,应去掉,改为:"湖南宁乡县偕乐桥镇石桥村 10 多名中小学生陆续收到高校的录取通知书……"

【病例5】:

第一部处女作

小张初涉文坛,第一部处女作就是这样一部意味深长的长篇巨著,不能不令人刮目相看。(报纸摘录)

【诊断与治疗】"处女作"是"作者首次发表的作品",其义含有"第一"的意思。"处女作"前的"第一部"赘余,应去掉。改为:"小张初涉文坛,处女作就是这样一部意味深长的长篇巨著,不能不令人刮目相看。"

（七）虚词赘余

虚词，词汇意义比较虚，它是汉语语法意义的主要表现形式。除部分副词能单独充当状语外，其他都不能单独充当句子成分，只能帮助实词造句，表示各种语法关系。

由于虚词在句子中主要起语法作用，因此，如果使用虚词不当，就会形成虚词赘余的语病。

【病例 1】：

被应邀

近几年，易中天因做客中央电视台"百家讲坛"，在民间影响如日中天，所以常被应邀到许多高校发表演讲，深受学生欢迎。（报纸摘录）

【诊断与治疗】："应邀"是"接受邀请"，表被动。"应邀"前的"被"字赘余，应去掉。改为："近几年，易中天因做客中央电视台'百家讲坛'，在民间影响如日中天，所以常应邀到许多高校发表演讲，深受学生欢迎。"

【病例 2】：

万一若……

参加这次探险活动前他已写下遗嘱，万一若在探险中遇到不测，四个子女都能从他的巨额遗产中按月领取固定数额的生活费。（报纸摘录）

【诊断与治疗】："万一"与"若"都是表假设的，并用语义重复，形成"虚词赘余"，应去掉其一。

【病例3】：

如果要是……

你如果要是10月份未回来，我就去找你。（电视台词摘录）

【诊断与治疗】："如果"与"要是"都是表假设的，并用语义重复，形成"虚词赘余"的语病，应去掉其一。改为："你如果10月份未回来，我就去找你"或"你要是10月份未回来，我就去找你"。

【病例4】：

连续蝉联冠军

他连续三次蝉联冠军。（电视解说词摘录）

【诊断与治疗】："蝉联"已含有"连续（多指连任某个职务或继续保持某种称号）"的意思。"蝉联"前的"连续"和它语义重复。显得赘余，应去掉。改为："他三次蝉联冠军。"

第二章

指向不明确——语义病句

语义病句，就是没有满足语义合理性而形成的病句。

我们常说，合理，就是合乎逻辑。只有合乎逻辑，才能让人信服。

表面看似没有明显语法错误的句子，往往会出现逻辑上的问题。其主要表现为相互搭配的词语成分在语义上不能贯通，形成前后矛盾或两种不同的语境，让人匪夷所思。

"搭配不当"是语义病句最典型的病因，因此本卷将从搭配不当及不合逻辑两个方面进行解析与阐述。

一 搭配不当 语义异变

搭配不当的语病，我们主要从主谓搭配不当、述宾搭配不当、修饰语与中心语搭配不当、一面与两面搭配不当、否定与肯定搭配不当等五个类型进行诊断与治疗。

（一）主谓搭配不当

主语和谓语是一对直接搭配的成分，两者之间是陈述与被陈述的关系。一般来说，主语应出现在谓语前面。汉语中，名词和名词性短评、动词和动词性短评、形容词和形容词性短评均可用作主语或谓语。

【病例1】：

雷人的语言

印象里小学时的班长极其严肃,他那极其严肃的品质,经常浮现在我的脑海中。

一次自习课,教室里有几个同学总是说话,班长要求他们别再说话,以免影响大家的自习。可是强调了多次,都依然故我,根本不听劝告,班长终于忍无可忍,站起来一拍桌子怒吼:"谁再吵,我就把他嘴打断!"

全班顿时肃静……

【诊断与治疗】:这一则笑话,有两处语病:

一是第一句"他那极其严肃的品质,经常浮现在我的脑海中"。与"品质"相匹配的应该是"高尚";与"浮现"相匹配的应该是"样子(形象)"。也就是说"品质"不能"浮现",两者不相匹配。那么,根据语义,应将"品质"改为"样子(形象)"较妥,原句应改为:"他那极其严肃的样子,经常浮现在我的脑海中。"

二是班长说的"谁再吵,我就把他嘴打断!"这一句,可以说是口误,也可以说是宾语和补语搭配不当语病。这一句的主语是"我",谓语是"打",宾语是"嘴",补语是"断"。搭配不当的是"嘴"和"打断"。因为只能把"嘴""打歪",不能把"嘴""打断",因而应改为:"谁再吵,我就把他嘴打歪!"

【病例2】：

同学们能驰骋？

清晨，参加长跑的同学们在公路上飞快地驰骋着。（报纸摘录）

【诊断与治疗】：从这句"同学们在公路上飞快地驰骋着"来看，主语是"同学们"，谓语是"驰骋"，用"驰骋"来陈述"同学们"的长跑，显然不合适，属于"主谓搭配不当"语病，可将"驰骋"改为"跑"。即改为："清晨，参加长跑的同学们在公路上飞快地跑着。"

【病例3】：

"热血"能"呼啸"？

一个年轻人正在努力想向心爱的女孩儿表白心迹。

"虽然我没有比尔那么富有，虽然我没有比尔所拥有的豪华住宅和汽车，虽然我不能像比尔那样能为你买漂亮的钻石和珍珠，但我爱你！我感情的洪流在翻滚，浑身的热血在呼啸。"

女孩说："比尔结婚了吗？"（笑话改编）

【诊断与治疗】：表白确实感人，可惜女孩儿对"爱"与"热血"没兴趣，只想知道有"豪华住宅和汽车"，能买"漂亮的钻石和珍珠"的"比尔"有没有结婚。不能不说是一种悲哀！

还是一起来诊断年轻人的表白有什么问题吧，问题出在"我感情的洪流在翻滚，浑身的热血在呼啸。"这一句上。"热血"能"呼啸"吗？"热血"只能"沸腾"，不能"呼啸"，属于主谓搭配不当语病，可将原句改为："我感情的洪流在翻滚，浑身的热血在沸腾。"

【病例4】：

鼓是音韵吗？

央视播出的《鼓韵龙腾》让许多观众为之感叹，但字幕解说词却出现了语法错误，让观众很是遗憾："鼓是人类最早的音韵之一……"（电视字幕摘录）

【诊断与治疗】： 这明显是语法错误中的主谓搭配不当。"鼓"是一种乐器，"音韵"在这里应是指和谐的声音，二者不是同一个概念，只有击鼓所发出的有节奏的声音，才能称为"音韵"。所以正确的说法，应该在"鼓"的后面加上一个"乐"字，意思就对了，即"鼓乐是人类最早的音韵之一……"

（二）述宾搭配不当

述语和宾语是一对直接搭配的成分，两者之间是支配与被支配、关涉与被关涉的关系。如果在句中这种支配与被支配、关涉与被关涉搭配不当，就叫述宾搭配不当。

【病例1】：

"闪烁"的应该是"光芒"

这些文章到处闪烁着马克思主义的观点。（报纸摘录）

【诊断与治疗】： 我们都知道，"闪烁"的应该是"光芒"，不可能是"观点"。用"观点"来陈述"闪烁"显然属于"述宾搭配不当"的语病。应改为："这些文章到处闪烁着马克思主义的光芒。"

【病例2】:

"养活"的不是"生活"

解放前,爸爸和哥哥两人挣来的钱还不够养活一家人的生活。(书籍摘录)

【诊断与治疗】:"爸爸和哥哥两人挣来的钱"应该是"还不够养活一家人",也就是说,"养活"的只能是人,不应该是"生活"。因此属于"述宾搭配不当"的语病,应去掉"的生活",改为:"解放前,爸爸和哥哥两人挣来的钱还不够养活一家人。"

【病例3】:

"聚集"的应该是"专业化人才"

上海科技开发中心聚集了一批热心于科技开发服务、善于经营管理的专业化队伍。(报纸摘录)

【诊断与治疗】:前面说是"一批……",那么"聚集"的就应该是"专业化人才",而不应该是"专业化队伍",属于"述宾搭配不当"的语病,应将"队伍"改为"人才",就与前面的"一批"相匹配了。全句应改为:"上海科技开发中心聚集了一批热心于科技开发服务、善于经营管理的专业化人才。"

【病例4】:

谁过节

丈夫对妻子说:"明天是'三八'妇女节,是你们女同胞的节日,我想咱们在家庆贺一下。"

妻子说:"好啊,怎么庆贺?"

丈夫说："你到菜市场买一只烤鸡，买点儿大虾，买一瓶好酒，再炒几个菜，庆贺我们最愉快、最有意义的一天。怎么样？"

妻子瞪了丈夫一眼，问："到底是我过节，还是你过节？"（笑话改编）

【诊断与治疗】："到底是我过节，还是你过节？"问得好！安排了一堆的事，还好酒好菜的吃着，这丈夫真是想得美。这"庆贺"是"一天"？显然不妥。只能说"庆贺一天"，而不能说"庆贺才是一天"，属于"述宾搭配不当"的语病，删去"庆贺"两字即可。改为"这才是我们最愉快、最有意义的一天"。

（三）修饰语与中心语搭配不当

修饰语总是要与中心语相配合。如果选词不当，就会产生不相配合的问题；如果修饰语出现残缺或多余，或者出现中心语残缺，都可能产生搭配不当的语法错误，这样的句子就属于"修饰语与中心语搭配不当"的病句。

【病例1】：

有双聪明能干的手？

只要自己有双聪明能干的手，什么都可以造出来。（报纸摘录）

【诊断与治疗】："有双聪明能干的手"，这话读着真别扭。"聪明能干"是对一个人的综合性评价。如果只针对一个人的某一部分以加修饰，是不合适的。所以，"聪明能干"这个修饰短语不能用来修饰"手"，属于"修饰语与中心语搭配不当"的病句。根据语意，这里的"手"，可以用"灵巧"来加以修饰。原句应改为："只要自己有双灵巧的手，什么都可以造出来。"

【病例2】：

推荐信

彼得在一家培育良种的企业工作了十年。某日他接到通知，说他被公司解雇了。不由连忙去见人力资源部的主管，请求道："我在公司干了这么久，我在培育良种方面花了很大的心血。现在让我走，至少该给我一封推荐信，让我好找工作呀！"

主管点点头，马上为他写了一封推荐信，彼得拿过来一看，只见上面写道："彼得在我们公司干了十年，当他离开的时候，我们都很满意。"

彼得差点吐血！（笑话改编）

【诊断与治疗】： 真可怜！在公司干了十年，走时只得了句"当他离开的时候，我们都很满意。"想必这十年确实是"混"出来的吧！

同情归同情，还是一起来诊断句子中出现的问题吧。这则笑话中的语法问题，出在"我在培育良种方面花了很大的心血"这句话上，"心血"可以用"很大"来修饰吗？显然不行。"心血"只能用"很多"来修饰，因而属于"修饰语与中心语搭配不当"的语病，这句话应改为："我在培育良种方面花了很多的心血。"

【病例3】：

什么叫"美好的酸奶"？

昨天去动物园玩，在猴山看猴子，游客都在给猴子投食。

我也拿出一盒酸奶扔过去，猴子捡起来看看，给我扔了回来，我奇怪了，又给它扔回去，它又给我扔回来……

连续重复几次，最后我再扔给它，说了句："你这猴子还真难伺候！这可是最美好的酸奶哦"。

这时，猴子大怒道："吸管都没有，你叫我怎么喝嘛。"（笑话改编）

【诊断与治疗】：这则笑话的问题出在"这可是最美好的酸奶哦"这句话上。"酸奶"这种食品，一般应该用"酸甜"、"纯正"等词来形容，不能用"美好"来形容。所以用"美好"来修饰"酸奶"不合适，属于"修饰语与中心语搭配不当"的语病。在这句话中，如果把"美好"改为"酸甜"，与后面"酸奶"的"酸"字重复，读起来有些气拗口。所以，把"美好"改为"纯正"比较合适。即改为："你这猴子还真难伺候！这可是最纯正的酸奶哦。"

（四）面与面搭配不当

一句话中，一分句提出了两方面或几方面的问题，而另一分句却只针对分句中的其中一个问题进行了回答或叙述，这种情况就属于"面与面搭配不当"的语病。

【病例1】：

两面对一面

艺人们过去一贯遭白眼，如今却受到人们热切的青睐，就在这白眼与青睐之间，他们体味着人间的温暖。（刊物摘录）

【诊断与治疗】：句中的"过去一贯遭白眼"与"如今却受到人们热切的青睐"，"白眼"和"青睐"指两面，但"温暖"只对应一面，属于两面对一面语病。可在"温暖"前加上"冷漠与"，改为："艺人们过去一贯遭白眼，如今却受到人们热切的青睐，就在这白眼与青睐之间，他们体味着人间的冷漠与温暖。"

【病例2】：

两问一答能行吗？

究竟要不要重视语文学习？是不是只学数理化就可以了呢？我们的回答是否定的。（讲义摘录）

【诊断与治疗】：第一问"究竟要不要重视语文学习？"回答应该是肯定的；而后一句"是不是只学数理化就可以了呢？"回答明显应该是否定的。在这种既有肯定回答，又有否定回答的句子中，后面只作一个否定回答，显然属于一面与两面搭配不当的语病。可改为："究竟要不要重视语文学习？是不是只学数理化就可以了呢？我们的回答是既要重视语文学习，也不能只学数理化。"

【病例3】：

两面对一面对两面

文艺作品语言的好坏，不在于它用了一大堆华丽的词，用了某一行业的术语，而在于它的词语用得是否是地方。（评论摘录）

【诊断与治疗】：句中"语言的好坏"是两方面意思，"用了一大堆华丽的词"是一方面意思，而后面的"在于它的词语用得是否是地方"又是两方面意思，犯了"两面对一面对两面"的搭配不当语病。应改为："文艺作品语言的好坏，不在于它用了一大堆华丽的词，用了某一行业的术语，而在于它的词语用得是否恰当，是否是地方。"

【病例4】：

面与面交叉

日前，中国社会科学院一位资深专家大胆指出，失业率的高低，将直接决定中国经济发展速度的快慢。（报纸摘录）

【诊断与治疗】：句中"失业率的高"应该导致"发展速度的慢"；而"失业率的低"应该导致"发展速度的快"；属于"面与面交叉"搭配不当语病。可在"高低"和"快慢"中间分别加上一个"与"字，并将"快慢"两字进行对调。改为："日前,中国社会科学院一位资深院士大胆指出,失业率的高与低,将直接决定中国经济发展速度的慢与快。"

总之,如果发现一个句子中有"肯定＋否定"并列形式或语意相反并列形式,如"能不能"、"是否"、"大小"和"快慢"等词时,就要仔细检查这个句子,看它是否存在以上几种搭配不当错误。

（五）否定与肯定搭配不当

【病例1】：

你到底是傻还是不傻？

学生时代,我和一同学争论问题,一时处于下风,情急中一拍桌子起身大叫："你胡说,我又不是不傻!"（笑话改编）

【诊断与治疗】：我想问,你到底是傻还是不傻？因为按照他的本意是想说自己"不傻",然而,一个"我又不是不傻!"是个双重否定句。双重否定句表达的是肯定的意思。于是句子的意思就变成了肯定我"傻",与想要表达的意思完全相反,形成了语病。应去掉"不是"两字,改为："你胡说,我又不傻!"

【病例2】：

与原句意思刚好相反

我想这应该是不必叙述的,没有谁不会想象不出。（报纸摘录）

【诊断与治疗】："没有谁不会想象不出"，"没有"、"不公"、"不出"均表示否定，是个三重否定句，表达的均为否定的意思。与原句想要表达的意思完全相反。句子的原意是想表达"谁都想象得出"。却表达成了"谁都想象不出"，形成语病。应去掉"不会"两字，改为："我想这应该是不必叙述的，没有谁想象不出。"

【病例3】：

"不完全否认"等于"部分承认"

我们并不完全否认这首诗没有透露出希望，只是说希望是非常渺茫的。（评论摘录）

【诊断与治疗】：句中的"不完全否认"，实际是等于"部分承认"，也就是说还是在承认"这首诗没有透露出希望"，而后面又说有希望，只是"希望是非常渺茫的"，使得句子的语义前后矛盾。属于否定与肯定搭配不当的语病。这种情况，改法有两种：一是"我们也承认这首诗透露了一些希望，只是说希望是非常渺茫的"；二是"我们并不否认这首诗也透露了一些希望，只是说希望是非常渺茫的。"

【病例4】：

本意与语意正好相反

会员家属除凭发出的入场券外，并须有家属徽章，无二者之一不能入场。（公告牌摘录）

【诊断与治疗】：从字面意思上推，可有"有二者之一即可入场"的意思。跟原意不符，形成语病，应改为："会员家属除凭发出的入场券外，并须有家属徽章，二者缺一即不能入场。"

二　逻辑失当　含混不清

所谓不合逻辑，是指在概念的使用、判断、推理过程中出现的不合事理、不合生活逻辑、不合客观事物之间的联系规律等语言错误。是语病中六大类型之一，这里的"不合逻辑"指的是句子的意思在事理上讲不过去。

我们主要从复句类语病和纯逻辑类语病两大类进行诊断与治疗。

第一大类　复句类语病

一个句子可以是单句，也可以是复句。当一个单句不能表达一个比较复杂的意思时，那就得用两个或两个以上的单句联系起来表述，这时就可以用复句。而构成复句的分句在意义上是有紧密联系的，即有复句关系，而这复句关系实际上就是逻辑联系。

复句方面出现的语病主要有：分句间没有必然联系、并列不当、递进不当、因果无据或倒置、误用滥用关联词语等五种类型。

（一）分句间没有必然联系

复句中分句间总离不开某种复句关系，而复句关系的外在表现形式就是关联词的使用。在一些病句中，作者没有弄清分句中到底是否存在某种关系，却将这种关系强加于句子，使得复句不合逻辑。

【病例】：

雷击和感情有什么关系？

好人遭雷击，难道与亲情和友情没关系吗？（书籍摘录）

【诊断与治疗】：这雷击和感情还真没有什么关系！"雷击"是一种不以人们意志为转移的自然现象，"与亲情和友情"根本不搭界，属于"分句间没有必然联系"语病。应把句中的"没"改成"有"，即："好人遭雷击，难道与亲情和友情有关系吗？"

（二）并列不当

互相并列的概念，应该是按同一标准划分的。如果标准混乱，就会造成并列的大小概念或类别不同的并列错误。

并列关系是复句中的一种关系类型。而由于作者对事物的分类不当和乱排次序，就会产生语病。虽说并列关系的各部分之间没有主次之分，而在语言的实际运用中，由于受到各种因素的影响，其排列次序也不是完全随意的。

【病例1】：

并列顺序有讲究

我们应当充分利用有利因素，不断培养抗寒的品种，克服和改造低温、秋旱、风大等不利因素，把我省广阔富饶的亚热带资源开发利用起来。（报纸摘录）

【诊断与治疗】：该句的主要内容有三方面，其排列次序应为"克服和改造"、"充分利用"、"不断培养"。从语序的衔接上看，"有利因素"和"不利因素"也应放在一起。即改为："我们应当克服和改造低温、秋旱、风大等不利因素，充分利用有利因素，不断培养抗寒的品种，把我省广阔富饶的亚热带资源开发利用起来。"

【病例2】：

心灵的感受应先于理性的认识

在缓缓流逝的时间长河中,总有一些记忆像卵石般沉淀下来,改变着人生的轨迹,压迫着人们的心灵。（书籍摘录）

【诊断与治疗】：该句中"改变着人生轨迹"和"压迫着人们的心灵"两句应对调。从衔接上看,前讲"一些记忆像卵石般沉淀下来",顺接则是"压迫着人们的心灵"；而从这两句所表达的内容上看,一句是心灵的感受,而另一句则是通过理性的认识后产生的结果。所以应改为："在缓缓流逝的时间长河中,总有一些记忆像卵石般沉淀下来,压迫着人们的心灵,改变着人生的轨迹。"

（三）递进不当

递进关系有一层进一层的意思。一般来说,在单句或复句的某一分句中,递进关系连词所连接的前后两个成分间的语序应恰当,要么由小到大,要么由轻到重,要么由浅到深。如果说话者思路不清,往往会造成"递进不当"的语病。

【病例1】：

表述中的"递进不当"

我国西部地区经济不发达,有的地方实在太穷了,连在银行有上千元甚至万元存款的人家都很少。（报纸摘录）

【诊断与治疗】："甚至"是表递进关系的连词。显然,例句的本意是想用具体的存款数额来表现西部地区经济的不发达状况。然而,句中

似是而非惹的祸——常见语病治疗

"连在银行有上千元甚至万元存款的人家都很少"的表述是不对的。我们都知道,要说明一个人经济拮据,我们是说"十元钱甚至五元钱都没有"呢,还是说"五元钱甚至十元钱都没有"呢? 答案不言而喻。因此,属于"递进不当"的语病。应将"上千元"与"万元"位置对调,改为:"有的地方实在太穷了,连在银行有万元甚至上千元存款的人家都很少。"

【病例2】:

"国内"与"国际"哪个范围更大?

近两年来,他的科研成果的水平又有了新的提高,其中有两项不但达到了国际先进水平,而且填补了国内这方面的空白。

【诊断与治疗】: "填补国内空白"是从国内而言,而"达到国际先进水平"是从国际上讲的,范围更大些。显然属于"递进不当"的语病。两句应对调,改为:"他的科研成果的水平又有了新的提高,其中有两项不但填补了国内这方面的空白,而且达到了国际先进水平。"

【病例3】:

他经过这段时间的写作练习,不仅能写长篇大论的理论文,而且能写一般的应用文。(专访摘录)

【诊断与治疗】: 我们知道,递进关系有一层进一层的意思,而"能写长篇大论的理论文"和"能写一般的应用文"孰高孰低? 从文体角度看无本质区别。因而用表递进的关联词语来表述,显然不妥。应去掉递进关联词,改用并列关联词。"既……又……",原句改为:"他经过这段时间的写作练习,既能写长篇大论的理论文,又能写一般的应用文。"

（四）因果无据或倒置

吕叔湘、朱德熙在《语法修辞讲话》中说："判断两件事有因果关系虽然是主观的见解，但是必须有客观事实做基础。"也就是说，有因才有果，因果必须对应。如果前面提出一个原因，而后面的结果与之没有关联、没有依据，或因果关系倒置，就形成"因果无据"或"因果倒置"的语病。

【病例1】：

俄国宝宝

这天，有对英国夫妻来到了一所学校，报名参加俄语培训班。

负责人仔细看完他们填写的表格后，笑着问："俄语挺难学的，你们怎么会想到要一起来学习俄语？"

妻子一脸兴奋地抢着说："那是因为我们终于有自己的宝宝了。"

负责人听了一头雾水："什么宝宝？这和学习俄语又有什么关系呢？"

这时，一旁的丈夫发话了："是这样的，我们婚后一直没有孩子，前不久刚刚收养了一个三个月大的俄国宝宝。你想啊，一年后，他就应该会说话了，不学俄语，我们怎么能听懂他说什么呢？"（笑话选编）

【诊断与治疗】：这夫妇俩真是让人有些哭笑不得！我们都知道，孩子的生活环境，决定孩子的语言习惯。既然是在说中国话的家庭里长大的孩子，怎么可能说俄语？显然这种因为是"俄国宝宝"，所以就一定是说"俄语"的说法是不成立的，属于"因果无据"的语病。

107

似是而非惹的祸——常见语病治疗

【病例2】：

无权决定

妻子生了个女孩,丈夫抱怨说:"我们不是说好要个男孩的吗? 所以就应该生个男孩儿啊! 你怎么偏偏生了个女孩儿?"

妻子说:"生男生女是男人决定的,这能怨我吗?"

丈夫委屈地说:"在别人家可以这么说,可在咱们家,我买盒香烟都得请示你,生男生女这么大的事,我有权决定吗?"（笑话选编）

【诊断与治疗】:生男生女并不是以人的意志为转移的,不可能因为"说好要个男孩","所以就应该生个男孩儿",这种因果关系是不能成立的,属于"因果无据"的语病。

另一方面,丈夫在家"买盒香烟都得请示","生男生女这么大的事"就无权决定。这种因果关系同样也是不能成立的。

【病例3】：

丢车引发的争议

日本自行车手河源启一郎有一个愿望,就是能骑自行车环游世界。到现在为止,他已经骑着自行车同游了十几个国家。当河源启一郎来到了武汉时,跟着他环游世界的自行车在武汉被盗了。

这时,网友纷纷发帖质疑:人家骑着自行车走过了十几个国家都没有被偷,为什么到了中国就会被偷?

后来,经过警方多方努力,终于将自行车找

回。网友又发帖置疑：为什么外国人的自行车丢了就能找到，而我们为什么丢了孩子都找不到？（网络摘录）

【诊断与治疗】：这些置疑都存在"因果无据"的问题：一方面，并不是说，因为"人家骑着自行车走过了十几个国家都没有被偷"，所以在"中国"就一定不会被偷。这是偶然事件，两者没有因果关系。另一方面，也不是说"外国人的自行车丢了就能找到"，我们的"孩子"丢了也应该找到，如果找不到，就是警方的无能。这种说法也是没有根据的，这两者亦没有因果关系，因此，两种说法同属"因果无据"的语病。

（五）缺少、误用、滥用关联词语

这种语病类型，往往是由于说话者不对句子的内容作深入的分析而造成的，它是前几种类型在使用关联词时的表现。

我们都知道，关联词一般都是成双配对出现的，如果不注意关联词的这一特点，缺少、误用、滥用关联词，就会造成语病。

1. 缺少关联词语

对于那些配对使用的关联词语，如果只用前一个关联词语，而省去了后一个关联词语，造成句子间的关系不明确，句子的意思表达不清楚；或者必须有、不能少的单用的关联词语被无故丢掉，从而造成分句之间关系不明确，语义不连接的错误，这样的句子就称为"缺少关联词语"语病。

【病例1】：

"不仅……而且"应相呼应

新加坡的竹节虫不仅体色几乎和竹子一样，体形在安静时完全像一根树枝。（刊物摘录）

【诊断与治疗】：缺失了关联词"不仅……而且"中的"而且"，使句子不连贯，形成"关联词残缺"语病。应在"体形"前加上"而且"两字，改为："新加坡的竹节虫不仅体色几乎和竹子一样，而且体形在安静时完全像一根树枝。"

【病例2】：

送什么

教师节前夕，老王买了张贺卡让读小学的女儿送给老师，哪料女儿死活不愿意："去年我也是送贺卡，今年还这样，没新意！"

老王问："那你们同学都送什么呢？"

女儿噘着嘴说："娜娜送了一束花，说是自己种的；强强送了一幅油画说是自己画的。老师不但都高兴地收下了，夸奖他们心灵手巧呢。"

老王听完，沉思了半晌，说道："要不，我们送你老师两百块钱吧，就说俗了点，但这钱是咱自个家里印的。"（笑话改编）

【诊断与治疗】：这段对话有两处出现了"关联词残缺"的语病。

一是女儿说的："老师不但……"这句，前面有了关联词"不但"，而后面缺少了表示联合关系的关联词"而且"加以承接，形成"关联词残缺"的语病。应在"夸奖"之前加上关联词"而且"，改为："……老师不但都高兴地收下了，而且（还）夸奖他们心灵手巧呢。"

二是老王最后的这句："……就说俗了点，但是这钱是咱自个家里印的？"后面使用了表示偏正关系的关联词"但是"，前面却没有相应的关联词相呼应，同样形成"关联词残缺"的语病。应在"就说"的后面加上关联词"虽然"，改为："……就说虽然俗了点，但是这钱是咱自个家里印的?。"

【病例3】：

谢谢合作

有两个姓谢的人结婚了,过了不久,就喜上加喜,怀上了孩子。为了给孩子取一个又好听、又上口、又有意义的名字,好多亲戚就凑在一起,各抒己见。虽然取了许多好听的名字,小夫妻没一个满意的。

妻子说:"只有把我们俩的姓都包含了,这名字可以。"

这时,亲戚家的一个小孩子说:"取个名字有什么难的? 只要包含你们俩姓的? 叫谢谢合作,你们说好不好?"

【诊断与治疗】：这段对话出现了两处"关联词残缺"的语病:

一是妻子说的:"只有……,这名字可以"这句,我们知道,"只有……才……"是一对关联词,前面已经出现了关联词"只有",后面就应该有一个关联词"才"加以承接,正是因为缺少了关联词"才",因而形成"关联词残缺"的语病。应在"可以"之前加上关联词"才"。改为:"只有把我们俩的姓都包含了,这名字才可以。"

二是小孩子说的这句:"只要包含你们俩姓的? 叫谢谢合作。……"关联词"只要……就……"是一对,前面已经使用了表示偏正关系的关联词"只要",而后面却没有相应的关联词"就……"相呼应,同样形成"关联词残缺"的语病。应在"的"的后面加上关联词"就……",改为:"只要包含你们俩姓的就行? 那就叫谢谢合作,你们说好不好?"。

【病例4】：

递进关系缺少关联词

　　自从开展"一帮一"的活动以后，不但加深了同学之间的相互了解，增进了同学之间的友谊。（报纸摘录）

　　【诊断与治疗】：这句话在意思上有递进的关系，但缺少了一个与"不但"配对使用的关联词语，让人读了以后，感觉话没有说完，递进的关系也不清楚，属于"缺少关联词语"语病。如果在"增进了"前面加上"而且"或者"并且"，不但递进的关系明确了，句子的意思也清楚了。因此，原句应改为："自从开展'一帮一'的活动以后，不但加深了同学之间的相互了解，而且（并且）增进了同学之间的友谊。"

【病例5】：

假设关系缺少关联词

　　如果我们齐心协力，把这件事情办好。（报纸摘录）

　　【诊断与治疗】：这是一个假设关系的句子，前面一个分句表示假设的情况，后一分句表示结果。由于缺少与"如果"配对使用的关联词"就"，造成句中的结果不明确，让人读后有一种接不上的感觉，属于"缺少关联词语"语病。应在"把这件"之前加上"就能"，句子的意思就清楚了。原句改为："如果我们齐心协力，就能把这件事情办好。"

【病例6】：

复句中缺少关联词

　　他虽说是个农民，平常喜爱学习，识了不少字，编秧歌很在行。（人物专访摘录）

【诊断与治疗】:这句话有两处语病:一是"虽说"一般要与其他关联词语成套使用,句中没有与之呼应的另一个关联词语,形成转折关系缺少关联词的语病;二是"平常"后是一个因果关系的复句,必须要有相应的关联词语来连接。也因缺少关联词而形成因果关系缺少关联词的语病。鉴于以上两处问题,使整个复句关系不清楚,表达不明白。应在句中加上相应的"但"、"由于"、"因此"等关联词,改为:"他虽说是个农民,但由于平常喜爱学习,因此识了不少字,编秧歌也很在行。"

2. 误用关联词语

在一个复句中,本来是甲类复句,却用了乙类复句的关联词语,使得复句内容与关联词语不相吻合,表意不清,由此形成的语病,就称之为"误用关联词语"语病。

【病例1】:

不管……还是……?

不管这里的条件十分艰苦,工兵连的战士们还是圆满完成了任务。(报纸摘录)

【诊断与治疗】:这是一个转折复句后面转折部分使用的关联词为"还是",但前面部分却用了条件复句的关联词语"不管",形成"误用关联词语"语病。应将"不管"改为"尽管",即:"尽管这里的条件十分艰苦,工兵连的战士们还是圆满完成了任务。"

【病例2】:

不但……但是……?

有个老太太患眼病,请了位医生给她治疗,讲定病好后给报酬。但是那医生每次来给她上药,都趁她闭上眼时,偷走一件东西。

数月之后,医生说治好了病,向老太婆要报酬。

老太太拒绝说："我的眼病不但没治好，但是更坏了。以前我还能看见家里的所有东西，如今有些东西却看不见了。"（笑话改编）

【诊断与治疗】：这医生真够缺德的，连患病老太太的东西都要偷！这则笑话的语病出在老太太的："我的眼病不但没治好，但是更坏了。"这句话上，前面用的是递进关系的关联词"不但"，后面却用了转折关系的关联词"但是"，是属于"误用关联词语"语病。应将"但是"改为"而且"，即："我的眼病不但没治好，而且更坏了。"

【病例3】：

由于……就……？

由于没有这些挫折，他就不会那么快地成熟起来。（书籍摘录）

【诊断与治疗】：这个句子的前面虽然用的是因果复句的关联词语"由于"，但从整句话的意思来看，应该是一个假设复句。由于误用了关联词语，因而形成语病。应将"由于"改为"如果"，即："如果没有这些挫折，他就不会那么快地成熟起来。"

3.滥用关联词语

在一个复句中，本来已经是一个完整的句式了，又加入一些多余的关联词，使得句子读起来感觉拖泥带水，甚至造成语义混乱，表达不清。由此而形成的语病，就称之为"滥用关联词语"语病。

【病例1】：

越看越美

最近，小高和妻子购买了一套两居室的新房，还新添了一辆小轿车。

小高兴奋地对妻子说:"老婆,以后咱们就舒舒服服地坐在新房子里,或者首先看新买的轿车,或者真是越看越觉得心里美啊!"

妻子点点头,笑得嘴都合不拢了,但她随即又想起了什么,问:"老公,那要是万一哪天看累了呢?"

小高想了想,说:"不怕,如果要看累了,咱们就可以舒舒服服地坐在轿车里,再看咱们的新房!"(笑话改编)

【诊断与治疗】:进入了小康之家,这日子过得是够舒心的!不过,这小高说的话,真是够绕的。先看小高说的第一句话:"或者要么看新买的轿车,或者真是越看越觉得心里美啊!"这句话中的"或者要么……或者……"不仅不存在选择关系,而且还把选择复句的两个关联词一起用,纯属多余,属于"滥用关联词语"的语病,应该将关联词全部删除,改为:"……坐在新房子里,看新买的轿车,真是越看越觉得心里美啊!"

【病例2】:

多余的"因为"与"所以"

因为怕要下雨,所以我还是把伞带走。(书籍摘录)

【诊断与治疗】:把句子紧缩一下,就可发现表示因果复句的关联词"因为"和"所以"在这里纯属多余,属于"滥用关联词语"的语病,应该把关联词语删掉。改为:"怕要下雨,我还是把伞带走。"

似是而非惹的祸——常见语病治疗

【病例3】:

雷人的语言吓跑了顾客

餐厅中,女:"你到底打不打算跟我结婚?"

男的沉默不语。

女:"别以为没人要我,要么搞火了,我要么马上就在这找个人嫁了!"

这时,侍应生走过来:"小姐你把本店的客人都吓跑了。"(笑话改编)

【诊断与治疗】:一句"小姐你把本店的客人都吓跑了"就可以知道那男人为什么不愿意娶她了!

笑过之余,还是一起来诊断与治疗笑话中的语病吧。语病出在"别以为没人要我,要么搞火了,我要么马上就在这找个人嫁了!"这句话,根据说话的语意,所用的选择复句关联词"要么……要么……"在这里属于多余,属于"滥用关联词语"的语病,应该把关联词语删掉。改为:"别以为没人要我,搞火了,我马上就在这找个人嫁了!"

第二大类　纯逻辑语病

纯逻辑语病是从逻辑这一范畴来定义的。

在语言运用中,纯逻辑语病类型很多,可以说,每种语病都离不开逻辑上的错误,但有些逻辑上的语病在前面章节的病例中已经进行过诊断与治疗,如:次序不当、否定不当、面与面的关系等,在此,就不再赘叙。

在纯逻辑语病中,我们主要从:分类不当、自相矛盾、主客颠倒、不合事理等四个类型进行诊断与治疗。

(一)分类不当

有的时候,人们会把有从属关系的概念并列使用,这就发生了分类不当的错误。

克服分类不当的毛病,可以避免概念的混淆,使句子的意思表达更加简洁与准确。

【病例1】:

分类不能包含与并列

我们的报刊、杂志、电视和一切出版物,更有责任做出表率,杜绝用字不规范的现象,增强使用文字的规范意识。(报纸摘录)

【诊断与治疗】:该句从分类上看,有两处语病。从该句所表述的意思来看,似乎是按"出版物"进行分类的。如果是以这一层意思来表述,那么,"电视"则不应该包含在内;而如果作为"报刊、杂志"这一层面来分类,那么又不能与表其所属的"一切出版物"并列。因此,属于"分类不当"的语病。应删除"报刊、杂志",改为:"我们的电视和一切出版物,更有责任做出表率,杜绝用字不规范的现象,增强使用文字的规范意识。"

【病例2】:

小学生不属于学生吗?

游行的队伍来了,工人的队伍,粗犷豪迈;农民的队伍,像丰收的田野;小学生的队伍,像盛开的鲜花;解放军的队伍,英姿飒爽;学生的队伍,风华正茂……"(报纸摘录)

【诊断与治疗】:"小学生"从属于"学生"这一概念。就是说"学生"

里包括"小学生"。与句中"工人、农民、解放军"并列的应是"学生",属于"分类不当"的语病。应把这句"小学生的队伍,像盛开的鲜花"删去,句子就正确了。改为:"游行的队伍来了,工人的队伍,粗犷豪迈;农民的队伍,像丰收的田野;解放军的队伍,英姿飒爽;学生的队伍,风华正茂……"

【病例3】:

从属关系的概念不能并列使用

下课以后,同学们在操场上活动。有的锻炼身体,有的打球,有的翻杠子,有的比赛跳高。(书籍摘录)

【诊断与治疗】:"打球、翻杠子、跳高"都从属于"锻炼身体"这个概念,它们不能并列使用,属于"分类不当"的语病。应将"锻炼身体"提到前面替换"活动"两字,再将从属于"锻炼身体"的各个项目逐项进行排列,句子就完整了。原句应改为:"下课以后,同学们在操场上锻炼身体。有的打球,有的翻杠子,有的比赛跳高。"

(二)自相矛盾

一个判断可以是肯定的,也可以是否定的。但如果同时既肯定又否定某一事物,就会使人弄不明白你到底要说明什么问题。在既肯定又否定中,构成了自相矛盾的错误。这样的语病就叫"自相矛盾"的语病。

在句子中,自相矛盾可能表现在概念上,也可能表现在两个不相容或根本相反的判断上。

【病例1】：

到底是要脱还是要穿？

老师要求学生用"一边……一边……"进行造句。一位学生这样写道：他一边脱衣服，一边穿裤子。

老师批语：他到底是要脱还是要穿啊？（笑话改编）

【诊断与治疗】：是啊，老师问得好，这"到底是要脱还是要穿啊？"这"一边脱"，"一边穿"显然是矛盾的，让人无法理解他到底要做什么，属于"自相矛盾"的语病。

【病例2】：

身体已腐烂，还能写出千古绝唱？

司马迁在被施行腐刑之后，不顾身体的腐烂，写出了千古绝唱《史记》……（答题摘录）

【诊断与治疗】：既然已经"身体腐烂"了，怎么还能写出"千古绝唱《史记》"？实在是让人无法信服。这样的描述显然不合逻辑，是属于"自相矛盾"的语病。

【病例3】：

时间表达的冲突

由北京人民艺术剧院复排的大型历史话剧《蔡文姬》定于5月1日在首都剧场上演，日前正在紧张的排练之中。（广告语摘录）

【诊断与治疗】：本句中"日前（几天前）"与"正在（现在）"这两个概念是相互冲突的。时间表达的冲突,形成"自相矛盾"的语病。可将"日前"改成"目前"。造成这一语病的原因可能是由于对"日前"这一概念的内涵没弄明白。

【病例 4】：

数量表达的冲突

近日国际黄金价格再次出现波动,截至上周末,国际黄金市场的价格上涨最高点已达 290 美元以上。（报纸摘录）

【诊断与治疗】：该句中"已达 290 美元",就已经说明了"国际黄金市场的价格上涨最高点",后面又来一个"以上",就让人无法理解到底是"290 美元"呢？还是"290 美元以上"？说法不一致,相互矛盾,形成"自相矛盾"的语病。可去掉后面的"以上",意思就明确了。

（三）主客颠倒

句子陈述的对象有主客之分,主动者与被动者之分。有时表达不好,就会出现颠倒的现象。这样的句子,就属于"主客颠倒"的病句。主客颠倒一般是误用了介词短语。

【病例 1】：

书报怎能与他接触？

他平时不爱学习,书报与他接触的机会是极少的。（书籍摘录）

【诊断与治疗】："书报"是无生命的,不能成为做出"接触"这个动作的主体,主体应该是"他"。应改为："他平时不爱学习,他与书报接触的机会是极少的。"

【病例2】：

父亲长得很像我？

我的父亲长得很像我。（书籍摘录）

【诊断与治疗】：句中有比较的意思，如果用"我的父亲长得很像我"这样的表述，就不知谁长谁少了。从逻辑上来说，应该是儿子长得像父亲，子随父貌嘛，哪儿有说父亲长得像儿子的？这种说法有违常理。也就是说主体应该是"我"，客体应该是"父亲"，此句正好颠倒了主客关系，属于"主客颠倒"的语病，应改为："我长得很像我的父亲。"

【病例3】：

只能人对物，不能物对人

三年前，电脑"上网"对人们可能是陌生的。（报纸摘录）

【诊断与治疗】：一般情况，"对"或"对于"这两个介词表示对象时，主客的位置是不能颠倒的，只能人对物，不能物对人。"人们"是主体，"上网"是客体。由于用了介词"对"，使句中主客体颠倒了。形成"主客颠倒"的语病，应将"对"与"人们"位置对调后再置于"电脑'上网'"之前。即改为："三年前，人们对电脑'上网'可能是陌生的。"

【病例4】：

是他对畜牧学感兴趣

在这里，他学到了化学、生物，特别是对他最感兴趣的畜牧学。（人物专访摘录）

【诊断与治疗】：是他对畜牧学感兴趣，不是畜牧学对他感兴趣，"他"是主体，"畜牧学"是客体，这里正好主客颠倒，形成语病。应去掉"对"字，改为："在这里，他学到了化学、生物，特别是他最感兴趣的畜牧学。"

（四）不合事理

在人类社会发展的进程中，人们对事物的认识呈阶段性，即在某一阶段，人们对事物规律的认识呈现出阶段性认识的特点。如果不顾及这一点，所表达的内容不符合人们共同的认知和审美标准，这样的句子就称为"不合事理"病句。

【病例1】：

新来的雪糕，热乎的？

小时候卖冰棍雪糕的一般都是推着自行车叫卖，有一次，在屋子里听一阿姨喊：新来的雪糕，热乎的！（笑话改编）

【诊断与治疗】：估计阿姨以前是卖油饼油条的，要不怎么会把"雪糕"说成是"热乎"的？既然是"雪糕"就不可能是"热乎的"，显然不合事理，属于"不合事理"的语病。

【病例2】：

拔了气门芯还能骑？

我和同学某某某一起骑车出门玩，他的

气门芯坏了,我就把我的拔下来给他装上,我俩一起高高兴兴骑车回家了。(作文摘录)

【诊断与治疗】:"他的气门芯坏了,我就把我的拔下来给他装上",而且还能"一起高高兴兴骑车回家",这话显然是不合常理的。因为,无论是谁的自行车,没有了"气门芯",都是不可能再"骑"的,此句属于"不合事理"的语病。

【病例3】:

1 亿元人民币的厚度

小学的时候,同学们都喜欢写一些好人好事的作文。于是,有一位同学为了夸大自己的功绩,在作文中写到:"我在公园捡到 1 亿元人民币,全是 10 元面额的,厚度有一本四年级语文书那么厚……"(作文摘录)

【诊断与治疗】:估计这学生并不知道"一亿元人民币"的概念是什么,一亿元,还"全是 10 元面额的",才有"一本四年级语文书那么厚",显然这种描写不合常理,属于"不合常理"的语病。

似是而非惹的祸——常见语病治疗

第三章

似是而非惹了祸——语用病句

语用病句,是没有满足语用有效性而形成的语病。

好的语句,不仅要满足语法合格性及语义合格性,而且还要满足语境以及交际行为所具备的要求。如果不能具备这些条件,就会形成语病,使整个语句似是而非。

也就是说,成功的交流都要符合"会话合作原则"。所谓"会话合作原则"主要包括以下几方面:

一是质量准则,即:话语提供的信息内容,必须与语境中的实际情况相一致;

二是数量准则,即:话语所含信息量与本次交谈所需信息量相一致;

三是关联准则,即:话语之间以及话题与话题之间应相互关联;

四是方式准则,即:话语的表达方式应能让受话者易于理解。

在交流中,如果未满足上述准则中的任何一条,都会造成理解上的困难,从而导致语病。

本卷将从语病杂糅、表意不明以及数词与量词误用等几个方面进行解析与阐述。

一 语病杂糅 啼笑皆非

语病杂糅,是指在一段文字或会话交流中,出现多种语病混合在一起的语病。这种语病,我们在现实生活中随处可见。下面,我们一起来对"语病杂糅"的现象进行分析。

【病例1】:

口误与语病

紧张的高考终于结束了,不管考试结果如何,高考完的学子们都有一种"解放了"的感觉。于是,考完当天就有同学提议,晚上大家聚聚,好好地放松放松。

一拍即合,但要找一个既不花钱,又能无所顾忌地疯玩的场所实为不易。这时,小强说话了:

"到我家去吧,我老爸老妈正好出去旅游了,我家一个人也没有。怎么样?"

哇噻!有这等好事?一阵欢呼雀跃,当即约好晚上到小强家聚会。

小强为了好好招待下同学们,买了不少好吃的,还特别买了偶像派歌星周杰伦的 CD 碟,期待着手舞足蹈地尽情狂欢。

一直忙得不亦乐乎,总算一切准备 OK 了。正想进厕所方便下,没想这时同学们把门敲得如雷贯耳,再内急也不得不赶紧先去开门啊。一打开门,同学们就蜂拥而入。小强一边招呼同学,一边说:

"大家别客气,坐哈坐哈,等我去厕所给你们倒点茶喝!"

大家狂晕,随后对小强就是一阵猛 K!

好不容易才消停下来,同学小峰高声叫:

"别吵,别吵了,这里有好多 CD 哦,还是先来听一首周截棍的双杰伦吧!"

嘻嘻哈哈……周截棍?双杰伦?乖乖,周杰伦要听到了,不当场被双截棍击晕才怪。

又是一阵狂笑,小莉笑得一边用手捂着肚子,一边说:

"我的天啊,别再逗我笑了,我都笑死了,笑晕了,笑得肚子都痛了

耶……"

伴着周杰伦的《双截棍》，同学们开心地笑着，闹着，打着，闲聊着。

这时，小强从冰箱里拿出各种雪糕分给同学们吃。小嫣特别喜欢吃雪糕，所以迫不及待地撕开包装就咬了一大口，随即大叫：

"烫死我了！"

所有的人都无语地看着小嫣……

小嫣看着大家用一种惊讶的眼神看着自己，一时不明缘由，不由又补充一句：

"等冷一会儿再吃哈。"

大家终于忍不住爆笑……哈哈……

这时，在班上一直被大家称为"小博士"的小曦说话了：

"唉唉，才刚刚高考完，你们就把语文知识还给老师了，咱们语文老师如果在场啊，听了你们这些话，一定会大跌眼镜。"

大家不解地看着小曦，不就是说笑吗？难道还出现了语法错误？想到才考过的语法知识，不由睁大眼睛，想听听小曦怎么说。

小曦习惯性地用手撑了下鼻梁上的眼镜，装着一副很老到、很深沉的样子，卖着关子说："教科书上都有啊，自己查去。"

结果招来一顿狂K，最后竟然装作老师的样子，慢条斯理地分析起来。

【诊断与治疗】：小曦说："你们今天说的话，出现了多处口误与语病。首先要知道，口误与语病不是一回事，小峰说的：'别吵，别吵了，这里有好多CD哦，还是先来听一首周截棍的双杰伦吧！'是属于口误，这是大家一听就明白的。而小莉说的话，就属于语病了。她的'我都快笑死了，笑晕了，笑得肚子都痛了耶……'显然是犯了分句间次序不当的错误。"

看着大家一副困惑不解的样子，小曦继续说：

"唉，你们真是一帮笨家伙耶，这不明摆着的嘛，一开始就'笑死了',人都'死了'还晕什么？晕了还会肚子痛？显然是分句间次序不当的错误嘛。"

大家这才恍然大悟，细细一想，是这么个理呢。

小嫣羞红了脸："嘻嘻，是哦，好像是不对呢。那后面说的话，就应该只属于口误了吧？"

小曦故弄玄虚地说："那可不一定。不过，想知其果，下回分解！"

小嫣一顿粉拳："看你不说，看你臭美……"

虽然小嫣的粉拳很受用，但也不能一直受用下去吧，那就叫"装"了耶。小曦只好举手投降说："好好好，我说还不行嘛？"

"笨！这还用问？你说的'烫死我了'分明是犯了不合逻辑的错误啊，也不动脑子想想，冰箱里拿出来的东西，会'烫死'你？而且还不是一般的东西，是雪糕耶！冰死还将就，还烫死。你脑残啊？"

小嫣："你……"

"我什么？我说得不对吗？你不是脑残是什么？"小曦故意气小嫣说。

小嫣被说得脸通红，但却一个字也说不出来。

小曦接着说："说句'烫死我'倒也罢了，最后还来个'冷一会儿再吃'，你告诉我怎么个冷法？冷一会儿当水喝啊？你真是超级脑残。"

大家笑晕了，小嫣却欲哭无泪……

小强赶紧打圆场说：

"别说小嫣了，那我呢？我又犯了什么错？我不就是因口误说了句到厕所给你们倒点茶水喝喝嘛，还有什么错了？"

小曦说："你还说啊？你说的这句话，虽然大家都能听明白，但要从字面上来理解，你说的两句话严格来说都应该算语病。第一句'我家一个人也没有'，难道你不是你家里的人？怎么会一个人也没有？可以说是犯了表意不明的错误，你到底是要表明你家一个人也没有呢？还是要表明只有你一个人？"

小强："当然是说只有我一个人嘛。"

127

似是而非惹的祸——常见语病治疗

小曦:"既然有你在,怎么又是一个人也没有?"

小强:"那我应该怎么说才对啊?"

小曦:"把'我家一个人也没有'改成'家里就我一个人'就OK了!"

小强:"嗯嗯,那后面的那句话呢?明明就是口误嘛,怎么说两句都错了?他们说错了,都算是口误,为什么我的不算?"

小曦:"看来不好好给你分析下,你还以为咱这小博士是徒有虚名啊!你说的'等我去厕所给你们倒点茶喝!'看似像口误,但仔细想想,若从字面上去理解,你犯了不合逻辑中的不合事理的错误。谁家会把茶叶放厕所里?谁家又会在厕所里沏茶?就你家吧?哈哈……"

小强:"那这句就没办法改了嘛,已经是说错了哦。"一脸的沮丧。

小曦:"你动动脑子再动嘴成不?加一个字不就结了?在'等我去厕所给你们倒点茶喝!'这句话中的'厕所'两字后加一个'后'字,意思不就变了?改成'等我去厕所后给你们倒点茶喝'就没问题了。"

小强:"!……"

小曦解析得完全正确。口误,顾名思义就是在说话时出现的言语错误,或者是一个语句中有读音相似的文字出现时的误读。是说话人对其试图表达的意思的一种偏离。它并非因发音器官错位或对字词意义理解上的错误而导致的错误。这种错误一般不会产生交际上的障碍,因为听话人在头脑里一般都有一套期望交际和自动纠错的机制,即使说话人口头表达有误,听话人也能按自己的期望去理解而不会产生交际障碍。许多节目主持人情急之中出现口误,却不会影响人们对其说话的理解,就是最好的例证。

正因为口误与语病很相似,甚至会导致出现语法上的问题,所以人们总是把口误与语病混为一谈。

【病例2】:

母子PK

有一个三口之家,儿子一直渴望拥有一台属于自己的电脑,但由于一是家庭经济不是很好,二是怕儿子沉溺于游戏,影响了学习,所以,就一直没给孩子买电脑,儿子也就一直没能如愿。

后来,在一次数学竞赛中,儿子超常发挥,获得了数学竞赛第一名。妈妈特别欣慰,为了表示鼓励,与爱人合计后,决定给儿子买一台电脑。

看到梦寐以求的电脑终于到手了,为了表示感谢,儿子晚上特意用电脑打了一段话:

"妈妈,我爱您! 您真是一个高尚的人! 我无比的对您买的电脑表示感谢!"

然后把这纸条贴在冰箱上,他知道妈妈每天早上都必定打开冰箱拿食物,想让妈妈看到纸条高兴一下。

果不其然,妈妈一走进厨房就看到了小纸条,看完即乐了。

吃早餐时,妈妈对坐在一旁的儿子说:

"你这小臭小子,高兴得不会说话了? 给你买台电脑,妈妈就变高尚了? 再说了,你是要感谢妈妈呢,还是要感谢电脑呢?"

"说您高尚还不好啊? 我当然是要感激妈妈了。"

"那怎么说对电脑表示感谢啊?"

"有吗?"

"怎么没有啊? 自己再把写的纸条好好看看。尽是病句,真不知道你学的语文是怎么的哦!"

"呵呵,还说我啊? 您不也尽是病句? 都跟您学的,遗传哦!"

"乱说,想蒙我? 你以为你妈像你一样是吃饭长大的啊?"

"!?!"

似是而非惹的祸——常见语病治疗

不和我一样是吃饭长大的,那是吃什么长大的? 儿子彻底无语了。

而坐对面的父亲,听了母子俩的对话,差点没把早餐喷出来……

看到在大学里教语文的父亲被噎得摇头摆手,半天说不出话来,母子俩暂时停止了对决。

母亲一边轻拍着丈夫的背,一边说:"激动什么呀? 不就是又说了几句在你看来有病的话嘛,至于激动成这样?"

父亲在终于缓过劲来后说:"你们啊,真是母子,真的是遗传。可是怎么没有遗传我的基因啊?"

"……"

看到母子都不说话了,父亲才慢慢就母子间的这番对话进行裁决。

【诊断与治疗】:首先,父亲对儿子说道:"你的纸条有两个语病,第一是你前一句中的'高尚'一词用在这里不合适,你妈妈给你买了电脑,你就夸奖妈妈'高尚'。买电脑和高尚之间在逻辑上有必然的联系吗? 你这是'使用词语不恰当'。你应该说:'您真是我的好妈妈。'第二是'无比'错放了位置。在'我无比的对您买的电脑表示感谢'这句话中,'无比'本来是用来修饰'感谢'的,是'感谢'前的定语,你却把它放到了'对您'前,充当了'表示'的第一个状语,使得你的这句话读起来不通顺,意思表达不清楚。在语法上属于'定状错位'的语法错误。其次,你这句话还有感谢对象表达错误的问题。在这句话中,你要感谢的是妈妈,而不是'电脑'。可你却说成了'无比的对电脑表示感谢',你将电脑当成妈妈了哟。"

"那么应该怎么改呢?"儿子问道。

"很简单,将'无比的'放到'感谢'的前面,再将'买的电脑'中的'的'字改为'了'字。全句应改为:我对妈妈买了电脑表示无比的感激。不就结了吗?"爸爸笑着说道。

"其次,你说的'你这小臭小子'也不妥。"爸爸转身对妈妈说道,"你这是属于'成分多余'的语病。'臭小子'本来就已经说明是'小子'了,再来一个'小'就多余了,应该把这'小'字去掉。"

"嗯嗯!"妈妈心服口服地表示赞同。

"第三",爸爸接着说道:"'真不知道你学的语文是怎么的哦'这句话也有错误,这句话中,主语是'语文',谓语是'是',宾语是'怎么的',连起来就是'语文是怎么的'。其中,'语文'和'怎么的'在意思上不能搭配。将'怎么的'改为'什么样的'就可以了。"

"那么,把'怎么'放在'学'的前面。改成'真不知道你是怎么学的语文哦',可以吗?"儿子又问道。

"当然可以了,儿子真聪明。"父亲摸着儿子的头夸奖道。

"还有,"父亲夸奖完儿子又继续对母亲说道:"你的'你以为你妈像你一样是吃饭长大的啊?'这句话也错得有点搞笑哟。"父亲接着分析道:"你原来想表达的意思是'你以为你妈像你一样是吃干饭长大的?'是吗?"

妈妈再次点了点头。

"但由于你的口误,丢了一个'干'字,于是就成了'你以为你妈像你一样是吃饭长大的?'了。这明显又是前面说的'口误'的问题。"

说完,父亲转脸对儿子说道:"你当时心中一定在想:'你不和我一样是吃饭长大的,那是吃什么长大的?'是吗?"

"是哦!是哦!我特想笑,但没敢笑出来耶,怕老妈一激动再冒出一句更搞笑的话来。那就真的是要把早餐喷出来了哦。"儿子终于忍不住"哈哈"地大笑起来。

母亲听了父子俩的话,也禁不住"嘻嘻哈哈"地笑弯了腰。

经过父亲的一一解析,母子两人的对决才总算停息。

从这个小故事,我们不难看出,修改病句是进行句子训练的一种方法。通过修改病句,不仅可以提高我们的表达能力,与人交流的能力,而且还可以提高我们的分析、判断能力,最终避免语病。

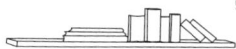

【病例3】：

郊　游

　　春天到了,临近高考的学子们却无暇欣赏春暖花开的美景,紧张的复习、繁多的试题,加上一次又一次的模拟考试,压得学子们个个疲惫不堪。尤其是在模拟考试中发挥不好的同学,更是神情沮丧。为了缓解同学们的紧张情绪,班主任老师提议周末带着同学们到郊外踏青,放松放松,感受一下大自然美妙的春光。

　　同学们纷纷赞同,家长也都格外支持。于是,周末踏青的提议得到了一致赞成。为了能轻松愉快地游玩一整天,同学们对吃的用的玩的,都进行了周密的考虑,大有一种不尽兴不归的气势。

　　周六这天,一大早班主任就等候在集合地点,不一会儿思嘉和吴雅一起赶到了,她俩手上提着大包小包的东西。一看到老师就叫:"老师早!"

　　"早! 早! 你们这是买的什么呀? 这么多!"老师一边说话一边帮着她们接过手里的东西。

　　"老师看啊,我们买了好多吃的哦,有话梅、饼干、馅饼、巧克力、薯条、爆米花和好多零食哦。"快嘴吴雅抢着告诉老师。

　　老师心想"话梅、饼干、馅饼、巧克力、薯条、爆米花等"不都是零食吗? 但看着一脸兴奋的吴雅,欲言又止,只是爱怜地帮吴雅理了理被风吹得有些零乱的头发:"好啊,少吃点零食哦,都快成大姑娘了,不怕长胖啊?"

　　"才不怕呢,我又不是不怕胖! 嘻嘻哈哈……"吴雅开心地笑着。

　　这丫头,到底是怕胖? 还是不怕胖啊? 但想到今天的目的是要让同学们彻底的放松放松,老师就没多说,只是拍了拍她的脸:"呵呵,丫头知道爱漂亮了哦。"

　　"嘻嘻哈哈……"吴雅和思嘉都开心地笑了。

　　这时,老师看到同学们三五成群的打闹着,言笑嘻怡地等候在集合点，一看表，出发时间也快到了，就对班长思嘉说："思嘉，点一下人数，看看还有多少同学没来。"

"哎！马上点哈。"思嘉愉快地答应着。

过了片刻，思嘉就报告老师："今天来的人数大约有四十个左右。"

看到老师眉头一皱，以为自己没有说清楚，马上又补充："我们班原来有四十六个同学，后来又来了两个新同学，我们班的同学增加了四十八个。王皓来电话说他和张旭、罗倩两人去买水果了，等于还有两人一会就来。"

一听这话，老师几乎晕厥。"说我这语文老师当得不怎么样，同学们的对话语病不断，倒也罢了。但如果此刻数学老师也在的话，恐怕要疯掉了，不仅仅出现语法错误，连数也不会数了，'王皓和张旭、罗倩两人去买水果了，等于还有两人一会就来'。这是两人吗？"

没等老师说话，老远就听到王皓大叫："快来帮忙呀，我们买了许多苹果、香蕉、梨子和水果哦，都拿不动了耶！"

老师一听简直差点背过气去，我的天啊，怎么都一个样啊？像一个模子里出来的。话梅、饼干、巧克力不属于零食吗？苹果、香蕉、梨子不属于水果吗？

但看到同学们个个兴高采烈，实在不忍心扫了大家的兴致。于是对大家说："好了，咱们出发！"

师生一行来到了山清水秀、风景怡人的郊外。一路上同学们宛如出笼的小鸟，叽叽喳喳、蹦蹦跳跳地闹腾着，话不断，歌不断，笑声不断。看着同学们如此的开心与活泼，老师亦倍感欣慰。

终于到了吃饭的时候，大家在一个宽敞的草地上围坐下来，几个班干部把带来的零食与水果分发给大家吃。大家边吃边闹腾。

杨明突然诗兴大发："试看山花烂漫开遍了原野……"

才念了第一句，旁边的方芳就打断了说："打住打住，什么啊？还'山花烂漫开遍了原野'呢，你弄一个'烂漫'开出来给咱们看看？"

杨明不服气地说："怎么不对啊？本来就是嘛。"

"还强词夺理啊？明明应该是'烂漫山花'嘛，只有'山花'才能与后面的'开'相配嘛。我们只看到'山花开'，没看到你说的'烂漫开'。嘻嘻哈哈……"

"你……"杨明一下没找到合适的话来为自己辩解。

"我什么我啊？尽语病还想吟诗，笑死人了哦。嘻嘻……"方芳继续调侃着杨明。

"就你行，那你的'尽语病还想吟诗'也错了啊，你这是强拉因果关系。难道我有语病错误，我就不能吟诗了？"

"本来就是嘛，语法都学不好，还能写好诗？你让大伙儿说说，傻不傻呀？"

杨明在和方芳的争论中，一时处于下风，一听方芳说自己傻，情急中起身大叫："你胡说，我又不是不傻！"

"哈哈……"

全班同学笑晕：你到底是傻还是不傻？

等大家终于笑声平息了，班长思嘉感叹地说："这一天的郊游，是我们备考以来最轻松、最开心、最有意义的一天。等高考完了，我真想找一所房子，面朝大海，看春暖花开……"

罗倩抢着说："我们的大班长哦，别再畅想了哈，你找一所面朝大海，还能看到春暖花开的房子给我看看？"

"啊?"思嘉不解地张大了嘴。

"这不明摆着不合逻辑嘛，你有看到大海上开花的？"

"……"无语。

"那我应该怎么说呀?"思嘉虚心地请教罗倩。

"其实，你开始那句'这一天的郊游，是我们备考以来最轻松、最开心、最有意义的一天'也不妥，用'郊游'对应'一天'是不对的，所以应该删除'郊游'和前面的'的'。改为'这一天，是我们备考以来最轻松、最开心、最有意义的一天'就对了。后面一个分句，可以把'看春暖花开'

改成看别的啊。"

"那看什么?"思嘉脱口而出。

"唉唉,看什么不行? 你动动脑子成不? 看波涛汹涌,看旭日东升都行啊! 你干吗非看春暖花开啊? 如果你非要看'花',你弄个看浪花也成啊。"

"哈哈……"又是笑声不断。

【诊断与治疗】:看到同学们正处于兴致勃勃的探讨中,再联想到同学们说话中的一连串语病,老师心想,这不正是一个加深语法知识教学的好时机吗? 不正好可以在寓意深远而又轻松愉快的探讨中把教科书上的知识传递给大家,使同学们在潜移默化中达到提升知识修养的目的吗?

于是,班主任老师对大家说:"你们不仅要学会对语言运用的错误类型进行辨析,还要学会对语病错误进行改正。要知道,有时候发现错误并不难,难的是如何进行辨析与改正。"

坐在老师身边的吴雅拉着老师的衣袖摇晃着说:"那老师快告诉我们如何才能提高识别语法错误的途径嘛,马上就要高考了,我好着急哦,有没有捷径啊?"

老师看着心急的吴雅说:"做任何事都没有捷径哦,除了要努力,就是要学会归纳与提炼,这样才能事半功倍。"

看到吴雅一脸的茫然与期待,老师接着说:"其实,汉语语法上的错误归纳起来共有三大类:词类错误、单句错误、复句错误。这三大类错误各自又包含着若干种类型的错误。这些错误类型,有常见的,有不常见的。当然,常见的错误我们更容易辨析,而不常见的错误要辨析起来就需要掌握扎实的语法知识了。呵呵……"

罗倩接着老师的话说:"老师,常见的语病错误,我基本能够辨析与改正,可是有一些语病我感觉还是有些概念上的模糊,说是属于这种类型也说得过去,说是属于那种语病类型似乎也没错,像这样一种情况,我

们该如何辨析呢?"

"对对对,我就是这种情况,感觉这样说也行,那样说也可以,弄得最后我都无法判断了哦。"王皓附和着说。

老师笑道:"语言运用中的错误,是十分复杂的。有的教材甚至将一些不属于语法错误的类型也杂糅到语法错误中去叙述。而在叙述错误理由的时候,更是不尽如人意。要么没有说服力;要么不能自圆其说;更有甚者,笼统地将有些语法错误产生的原因说成是'用词不当'。须知,任何一种语法错误都是'用词不当'造成的,这是一条'放之四海而皆准'的理由。正因如此,所以你们在辨析时,就往往不知某个病句属于哪一类语法错误,更不知应该怎么说明错误理由。也就是我常对你们说的:只知其然,不知其所以然。"

"老师说得太对了!我就是只知道一点皮毛,多绕一下,我就不知所云了哦。那老师能告诉我们如何去辨析与改错吗?"张旭迫不及待地问。

"这也正是我想告诉大家的。"老师不失时机地向大家传授着语法知识。

"各种教材在语法辨析与改错这一问题上之所以出现许多混乱乃至荒谬的情况,主要是因为上面叙述的各种错误类型的界限往往不是绝对的,往往是互相交叉,糅合在一起的。

"首先,语法错误的结果往往造成了不符合逻辑规律的情况,因此,语法错误中往往也包含了逻辑错误。

"如刚才吴雅和王皓都犯了同一个错误。吴雅和王皓先后说:'我们买了好多吃的哦,有话梅、饼干、馅饼、巧克力、薯条、爆米花和好多零食哦。''快来帮忙呀,我们买了许多苹果、香蕉、梨子和水果。'"

"大家看看,这是不是同样的问题啊?"

"他们俩说的话都属于并列连词'和'的误用。'和'表示并列关系,它的前后部分不能是互相包含的概念。'话梅、饼干、馅饼、巧克力等都属于零食;而'苹果、香蕉、梨子'均包含在'水果'中。它之所以有错误,是因为不符合逻辑。因此,这种语法错误中包含了逻辑错误。既是语法错误,也可说是逻辑上的错误。

"其次,语法错误往往又是误解词义造成的,因此,语法错误中往往也包含得有词义误用的错误等。如刚才思嘉说的:'今天来的人数大约有四十个左右。'

"一看就知道这是属于概数词的误用。也就是说,两个概数词不能同时出现在一个句子中,否则就会出现意思重复或前后矛盾的错误,'大约'和'左右'表示的都是在某个数目上下的意思,同时出现在一个句子中,显得重复。可去掉'大约'或'左右'。改为'今天来的人数有四十个左右'或'今天来的人数大约有四十个'。

"又如思嘉后面又说的话:

'我们班原来有四十六个同学,后来又来了两个新同学,我们班的同学增加了四十八个。'

"这是表示数目增加的误用。用'增加了',只表示增加的数目,不包括底数在内,而'四十八个'包括了底数在内。这是因为不理解或错误理解'增加了'所表示的意义造成的错误。因此,这种语法错误中也包含了误解词义的错误,既是语法错误,又可说成是误解词义的错误。

"第三,语法错误也可能是否定与肯定搭配不当或表意不明造成的。如吴雅说:

'才不怕呢,我又不是不怕胖!'

"前面是否定回答,后面又是'不……不'即成了肯定回答。既否定又肯定,显然是属于否定与肯定搭配不当。反过来说,也可以说是属于表意不明的错误,不清楚是要表明'怕胖'呢,还是'不怕胖',让我无法理解。

"而杨明在情急中说:'你胡说,我又不是不傻!'和吴雅犯的是同样的错误。

"至于后面的语法错误,几位同学解析得都很正确,我就不多说了。

"虽然,在辨析过程中,我们可以进行多重辨析,但这并不能作为允

许上述语法改错问题上简略、混乱乃至荒唐现象存在的理由。因为任何一种错误的形成，总有一个侧重面。有的单纯属于某一类错误，有的则即可属于这类错误，又可属于那类错误。对于前者，可以明确地将它们归入某一类错误；对于后者，也应看它侧重于哪一类错误来进行归类。而不应该眉毛胡子一把抓。这样，我们就有了一个明确的学习范围，不至于无所适从。

"根据这一原则，我认为：语法改错，就是要改正不符合语法规律的句子。凡是不符合语法规律、规则的句子，就属于有语法错误的句子，就必须根据有关的语法规律来进行改正。"

"那我们怎样入手进行改错呢？什么样的步骤才是正确的？"张旭问道。

"这个问题问得好！我们都知道，只有走对了路，才能最快捷地到达目的地。"老师拍拍张旭的头夸奖道。

老师接着说："一般来说，语法改错的步骤主要有三步：一是指出错误类型；二是说明错误理由；三是改正错误。"

"老师，改正错误有一定的规则与要求吗？"吴雅又问。

"你这同学怎么不动脑子啊？做什么没有规则？就像你们爱玩的游戏，也不都有游戏规则吗？谁不按照规则出牌，谁就只能自动出局。语法改错也不例外，也有一定的规则。"

吴雅脸红地说："就是不知道嘛，那老师快告诉我们嘛。"

"语法改错的原则主要有两条：一是说明错误类型要根据语法规则来说明，要做到'言之有理，持之有据'；二是改正错误要在尽量不改动句子原意的基础上进行。也就是说，人家本来要表达的是感谢的意思，不能经你一改竟变成了抱怨的意思了，这不就麻烦了？"

一堂行之有效的课外辅导，就在一次郊游中，在一个轻松愉快的氛围中完成了。

【病例4】:

坤坤的困惑

情景一:

坤坤是个乖巧的孩子,也是妈妈的心肝宝贝。幼儿园又将开学了,这一天,妈妈对坤坤说:

"宝宝,你就要读中班了,你们的教室搬到三楼了。"

坤坤:"谁有那么大的力气搬得动啊?"

坤坤妈无语……

【诊断与治疗】:这句话的主语是"教室",谓语是"搬",教室显然是"搬"不动的,于是让坤坤产生了疑惑。这本是逻辑上的问题,但在日常生活中,这种"口语"化的现象已经成为习以为常、约定俗成的说法。如:把"乔迁"说成是"搬家",(家也是搬不动的)把"看病"说成是"看医生",(是找医生看病还是去看望医生?)把让太阳晒说成是"晒太阳",(是太阳"晒"人还是人把太阳拿去"晒"? 如是后者,太阳怎么能"晒"? 这里的"晒"和"晒谷子、晒衣服"等的"晒"是有所不同的)等等。

这种口语化的现象已经被人们接受,成人是能够分辨的,而孩子则不一定能够分辨,因此,对孩子说话最好还是应该尽量避免这种口语化的说法。

把作为谓语的"搬到"改成"在",并去掉"了"字,或把"搬"字改成"改"字也可。即:"你们的教室在三楼"或"你们的教室改到三楼了"。

情景二:

要吃晚饭了,坤坤妈看坤坤还在玩得起劲,就大声对坤坤说:

"宝宝,快点吃饭,妈妈弄好了鱼在等你。"

"啊？鱼在等我呀？"坤坤也故意地大声答道。随后跑到饭桌前，用手指点了点桌面，以夸张的口吻说："鱼是站在这个桌子上等我吗？我怎么没有看到呀？"

坤妈笑得差点喷饭。

【诊断与治疗】：坤坤妈的话出现了几个地方的语病，从前一句："宝宝，快点吃饭"来看，当时的情景应该是已经在吃饭了，这句话的意思是催促坤坤快吃饭。而后一句"妈妈弄好了鱼在等你"这一句问题就比较多了，如果按语速停顿或标点符号来理解，可理解为"妈妈弄好了鱼，在等你吃饭。"情景是还没开始吃饭，在"等你"吃饭，与前面的"快点吃饭"形成前后语境搭配不当，这是第一层意思。如果我们改变下标点符号，又形成了第二层意思，即："妈妈弄好了，鱼在等你。"这就是坤坤理解的意思，显然不是坤坤妈的本意，不合常理，错得离谱了。在语法上，"妈妈弄好了鱼在等你"这句话属于句式杂糅的语病。就是将"妈妈弄好了鱼"和"妈妈在等你"两句话拼凑成了一句话，更在无形之中使人可以将后一句的主语理解成鱼，从而使坤坤产生了误会，认为是鱼在等他。

把"快点吃饭"中的"吃饭"前加上"准备"两字；在"妈妈弄好了鱼在等你"的"鱼"字后加上逗号就没问题了，完整句为："宝宝，快点准备吃饭，妈妈弄好了鱼，在等你。"

情景三：

晚饭后，妈妈忙于收拾屋子，这时，清脆的电话铃声响了起来，正玩得起劲的坤坤赶紧跑过去想接电话，被妈妈大声制止："小孩子别乱接电话，没规矩！"

坤坤向妈妈做了一个鬼脸，没趣地自己到旁边玩去了。

"喂，哪位？"坤坤妈问道。

"哦,是你啊,好久不见了,你还是那么漂亮哦。"(好久不见,怎么还知道人家漂亮? 这客气话说得也忒没水准了。)

原来是坤坤妈一个许久不见的好姐妹来的电话,不知对方说了什么,只听坤坤妈继续说:"哪里有你漂亮哦,我现在都长胖了,但还轻了五斤哦。"(轻了五斤? 这是长胖了吗? 这胖与瘦是怎么衡量的哦。)

坤坤妈继续说:"我老公啊? 他现在还是那样啊,没什么变化,这个月当上局长了,呵呵……"(还是那样? 什么样? 没变化,但又当了局长。这不叫变化,叫什么? 真服了坤妈,能"谦虚"到了这份上!)。

坤坤妈煲起了"电脑粥",你夸我,我夸你,说完了老公,说孩子,说完了孩子,再说朋友邻里……半小时后才终于说到了正题:

"哦,你女儿结婚呀? 恭喜恭喜哦! 到时候一定去吃喜酒哈……什么? 带坤坤去啊? 这次不带了,他要去爷爷家,下次一定带他去! 下次哈! 好好好,再见!"

看到妈妈放下了电话,一边玩耍的坤坤不解地问:"妈妈,阿姨家的姐姐要结几次婚呀?"

坤坤妈:"乱说话,就结一次啊,结婚还能结几次啊?"

坤坤:"那你说下次再带我去? 骗人! 哼!"

坤坤妈:"啊! 我的天! ……"

听了坤坤了话,坤坤妈心里立刻忐忑不安起来。心想,自己这样说话,肯定会让好姐妹心里不舒服了哦。想打电话再解释下,可这电话如何打呢? 会不会越解释越让人家心里添堵哦,坤坤妈那个沮丧啊……

【诊断与治疗】:

其一,"好久不见了,你还是那么漂亮哦。"这句,由于坤坤妈使用语气助词不当,以至意思完全变了,造成前后两句互相矛盾的错误。试想,

既然"好久不见了",怎么知道对方"还是那么漂亮"？这种错误,在语法上属于"不合逻辑"中的"不合事理"。

应把语气助词"哦"改成"吗",把句号改成问号就可以了,即:"好久不见了,你还是那么漂亮吗?"

其二,"我现在都长胖了,但还轻了五斤哦。"这句话犯了"前后矛盾"的错误。既然"都长胖了",体重应该增加了,怎么却"轻了五斤"？坤坤妈本来的意思可能是说:自己与当初和好姐妹见面时长胖了,但经过减肥,又轻了五斤。但由于她省略了这么多内容,反而使意思表达不清,出现了前后矛盾的错误。应在"但"字后加上"与上个月相比"字样,即:"我现在都长胖了,但与上个月相比还轻了五斤哦。"或改成:"我现在比你见到的时候胖了,但减肥后,还轻了五斤哦。"

其三,"他现在还是那样啊,没什么变化。"从这一句来看,表达的意思是坤坤妈的爱人现在不管是模样上、工作上、生活上与好姐妹见到的时候都"没什么变化","还是那样"。但下一句"他这个月当上局长了"就和上一句产生了矛盾,都当上局长了,还能说"没什么变化"吗？也属于语法错误中的"前后矛盾"的错误。应在"没什么变化"的前面加上"基本"两个字,即:"我老公啊？他现在还是那样啊,基本没什么变化,但他这个月当上局长了,呵呵……"

其四,人的一生,一般结婚就一次,当然也有再婚的。但为了讨个吉利,都会祝福新人白头到老。而坤坤妈这种"下次一定带他去! 下次哈"的说法,就容易使人产生坤坤的那种误解,如果是有心人听了,心中的确会感到不舒服。这种错误,属于"不合逻辑"中的"不合事理"。把"下次"改为"改天"就可以了,即将原句改为"这次不带了,他要去爷爷家,改天一定带他去!"

我们常说要言传身教,做妈妈的如果总犯逻辑错误,势必会在潜移默化中影响到孩子的逻辑思维。尽管孩子并不理解"逻辑"一词的概念,但是孩子会依葫芦画瓢,久而久之,孩子就会形成一种错误的语言表达方式,影响到今后的工作与学习。

二 表意不明 让人糊涂

我们都知道,清晰明了,主旨明确是语言表达的基本要求。为了避免说话与书写的句子让人无法理解或产生歧义,下面我们将通过解析一些常见的例证,对语法修辞中的"表意不明"进行诊断。

在进行诊断前,我们首先要弄明白什么叫"表意不明"。所谓"表意不明",指的是句子表达的内容或意思不易使人理解或有多个意思。而"表意不明"最直接的问题,就是所说的话或书写的句子让人产生不同意思的理解,使人无所适从,导致沟通困难。这种存在内容不明确,让人产生歧义的语句,我们就称为"表意不明"的语病。

"表意不明"包括两种情况:一是"费解",二是"歧义"。"费解"就是一句话表达出来,不能让人读明白其中讲了什么;"歧义"即一句话有两种理解。不管"费解"还是"歧义"都是表达不明白、不清楚的表现。

"表意不明"的现象屡见不鲜,种类繁多,我们主要从:指代不明、对象不明、多音多义、词性两可、停顿两可、标点不当以及口语同音词引起的歧义等七个方面来进行诊断与治疗。

(一)指代不明

指代不明,主要指代词指代不明。代词有两种情况:一是指示代词,如"此"、"这"、"这方面"等;二是人称代词,如"自己"、"他(她)"等。

指示代词指代不明指前面的句子叙述了两种以上的事实情况,后面的句子中用指示代词"此"或"这"等来替代前面两种以上的事实情况,造成后面的句子有两种以上的理解。

似是而非惹的祸——常见语病治疗

【病例1】： 复印的困惑

小黄因为办事急需一张身份证复印件。

可他到了复印店才发现，钱包里就几张百元大钞，没有零钱。

他担心人家误会自己是故意换零钱的，便把身份证和一张百元钞票往柜台上一拍，对营业员说："这是我的身份证，我想复印，不过我只有一百元的大钞，你们给不给复印啊？"

营业员是个年轻姑娘，她看了看钞票，又看了看身份证，连连摆手说："不行不行！我们有规定，不允许复印人民币，你有身份证也不行！"（笑话改编）

【诊断与治疗】：呵呵，难怪人家小姑娘不敢印，这就是表意不明所致。小黄的本意是想复印身份证，但由于把身份证和百元钞票都放在了桌子上，且只说了"我想复印"，并没有表明是复印身份证还是人民币，让小姑娘误认为是用身份证为证件想复印人民币，谁敢印啊？这就属于"指代不明"的语病。根据语义这句话可改为："这是我的身份证，我想复印一张，不过我没有零钱，只有一百元的大钞，你们给不给复印啊？"

【病例2】：

"老人和糟货外卖"？

上海某店醒目处挂有一块牌子，上面豁然写着："老人和糟货外卖"。

路人途经此处时，都不由会多看几眼，心里很纳闷儿：难道老人也可出售？

后来经知情人解释，才知道"老人和"是这个店的字号，而"糟货"则

是江南人喜爱的用酒糟制作的一种食品的统称。（招牌摘录）

【诊断与治疗】：如果不经过详解，实在让人无法理解其意。一看这招牌，谁能理解为"老人和"是店名儿？而糟货"是要出售的商品？正是由于表意不明，让人产生歧义，认为是"老人"和"糟货"一起"外卖"，属于"指代不明"的语病。

应将店名与商品区分开来，可用引号将"老人和"引注，或改变一下词序皆可，意思就明朗化了。即："'老人和'糟货外卖"。或"'老人和'外卖糟货"。

【病例3】：

"警示牌"要警示什么？

京郊某著名景点入口处，立有一块醒目的警示牌："未满18岁成年人，请勿攀登通天峡"。

凡是想攀登通天峡的游客，都驻足不前，不知道到底是可以攀，还是不可以攀。（警示牌摘录）

【诊断与治疗】：我们都知道未满18岁的，称为未成年人，为了安全起见，未成年人不能攀登，大家都能理解。可是后面又来一个"成年人"也不能攀登，就让游客费解了。既然未成年人和成年人都不可攀登，到底谁可攀登？显然是属于"指代不明"的语病。应将原句去掉"成年人"，改成：即："未满18周岁，请勿攀登通天峡。"

【病例4】：

上帝手中魔术棒的法力

一对同年同月同日生的老夫妇过60大寿。

宴席期间，上帝降临，说可以满足夫妻二人两个愿望！

老妇说:"我的梦想是周游全世界。"

上帝将手中的魔术棒一挥,哗!变出了一大叠机票。

老头说:"我想和小自己30岁的女人生活在一起。"

上帝将手中魔术棒一挥,哗!把老头变成了90岁!(笑话改编)

【诊断与治疗】:呵呵,傻眼儿了吧?其实,按照老头的本意,是指与自己相比,"想和一个小自己30岁的女人生活在一起",而不是与妻子相比。由于说话指代不明,所以事与愿违,把自己变成了90岁,属于"对象不明"的语病。

【病例5】:

小孩与铁匠

一个小孩站在铁匠铺旁边,看铁匠打铁。铁匠有些讨厌她,便拿出烧红的铁,凑到小孩面前吓唬他!

小孩眨了眨眼说:"你给我一块钱,我就敢舔一舔它!"

铁匠听后,马上拿出一块钱给了小孩!

小孩接过钱用舌头舔了一下,放进兜里走了……(笑话改编)

【诊断与治疗】:铁匠显然是被小孩子给涮了!其实,这则笑话,小孩子就是利用"指代不明"来戏弄铁匠的。"你给我一块钱,我就敢舔一舔它!"这句话的"它"指向不明,在铁匠看来是指"烧红的铁";而在孩子看来,这"它"是指"钱"。因此,由于语意"指代不明",铁匠不仅没有"吓唬"着孩子,还白白赔上了一块钱。

【病例6】:

谁对谁笑了?

小钱因工作认真负责,被所在单位评为年度先进工作者。当领导把证书发给小钱时,他对他笑了。

【诊断与治疗】:谁对谁笑了?是"领导"对小钱"笑了"?或是"小钱"对"领导"笑了?指代不明,让人费解。可改为:"当领导把证书发给小钱时,小钱对领导笑了"或"当领导把证书发给小钱时,领导对小钱笑了"。也可直接改为:"当领导把证书发给小钱时,两人都笑了。"

【病例7】:

看见什么了?

几个朋友一起看日出,一人指着树梢说:"我看见了。"

其他人也都附和着说:"我也看见了。"

这时树后有人提着裤子出来:"看见就看见嘛,嚷嚷什么?!"(笑话改编)

【诊断与治疗】:呵呵,是够狼狈的!这则笑话实际也属于"指代不明",因为不知道他们"看见了"什么。知道的是"看见了"日出,不知道的,是会产生误会,难怪人家要抱怨"看见就看见嘛,嚷嚷什么?!"加上"日出"两字,改为:"我看见日出了。"就没这些事了。

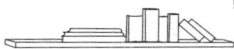

【病例8】:

"这方面"指哪方面?

欣赏一首好诗不容易,但创作一首好诗更不是一件简单的事。小李对诗歌情有独钟,因此,他平时在这方面做了不少的努力。(专访摘录)

【诊断与治疗】: "这方面"指代不明,到底是指"欣赏好诗"呢,还是指"创作好诗"?属于"指代不明"的语病。后一分句可改为:"小李对诗歌情有独钟,因此,他平时在诗歌欣赏与诗歌创作方面都做了不少的努力。"

【病例9】:

谁的儿子引兵出战?

不几天,刘备领大军到了零陵。零陵太守刘度派大将邢道荣和他的儿子引兵出战。(书籍摘录)

【诊断与治疗】: 句中的指示代词"他"是指"刘备"呢,还是"邢道荣"?因此使得"他的儿子"不知是谁的儿子,让读者难以捉摸,形成"指代不明"的语病。应改为:"不几天,刘备领大军到了零陵。零陵太守刘度派大将邢道荣及其儿子引兵出战。"

【病例10】:

哪级干部住房面积超标了?

从清理结果看,全省地、厅级干部,住房面积在规定标准以下的、在标准范围以内的和超过标准的各占三分之一,其中严重的占百分之八。(报纸摘录)

【诊断与治疗】: 由于"其中"一词指代不明。使得"严重的占百分之八"存在歧义。让人无法知道到底是这"三分之一的"哪一部分属于"严重的"。

全句可改为："从清理结果看……超标严重的占超标者的百分之八"，或改为"从清理结果看……住房面积超标严重的占全省地、厅级干部总数的百分之八"。

（二）对象不明

对象不明，是指表述的对象不明确，让人造成理解上的障碍，甚至造成对语意产生误解或歧义的现象。

这种语病主要是因承前省略不当而引发的。

【病例1】：

算了吧

有个小伙子，吃完午饭后上街道溜达，看见不远处有对老夫妻在街边摆摊卖西瓜。

小伙子便凑了过去，经过讨价还价确定了购买，精心挑选了两个西瓜，一算账，六块五。

小伙子便说："老人家，五毛就算了吧？"

卖西瓜的老大爷点了点头，然后对身边的老伴儿说："收他七块钱。"（笑话改编）

【诊断与治疗】：哈哈，小伙子一听肯定傻眼了。收七块？不会吧？明明自己是想少付五毛，怎么反而多付五毛了？

这就是语病所带来的后果，这就叫有苦说不出。也是日常生活中常见的语病——对象不明所产生的歧义。

"五毛就算了吧？"这句话中的"算了"可以生出两种理解：一是表达

"六块五,五毛别收了"的意思;二是表达"七块钱,五毛就不退了"的意思。

显然,站在不同的角度,就有着不同的理解。谁都不是傻瓜,谁不愿意往自己有利的方面去理解呢?由于小伙子没有正确表达出自己的本意是"不付了",所以老大爷完全可以理解为"不退了",这样理解,无可厚非,属于"对象不明"的语病。

如果小伙子把"算了"改成"不收了"即:"老人家,五毛就不收了吧?"还会生出如此歧义吗?

【病例2】:

习 惯

小王是玻璃厂工人,有戴手套的习惯。

这天下夜班,他坐出租车回家。当车路过郊区的一片小树林时,小王觉得有点冷,就从兜里掏出手套戴上了。

司机从后视镜里看到了,支支吾吾地问:"哥们,你要干什么?"

"喔,没什么,习惯了,我每次干活的时候都要戴手套,这样既不会留下痕迹,又割不到自己的手……"

话音未落,司机停下车就头也不回地跑掉了。(笑话改编)

【诊断与治疗】:听了乘客这番话,不被吓跑的司机应该很少。这则笑话就属于对象不明所产生的歧义。

"干活"这词的意思通过演变,已经不仅仅是指传统意义上的劳作,已经被延伸到社会的各个领域,甚至把犯罪行为也称之"干活",如扒窃、抢劫等,都被犯罪嫌疑人称之为"干活"。所以,在与人交谈中,如果表意不清,对象不明,就会引起歧义,造成不必要的麻烦。其实,小王只需亮明自己的身份,加一句"我是玻璃厂工人"就没问题了,所有表述都在情理之中了。即原句改为:"喔,没什么,习惯了,我是玻璃厂工人。我每次干活的时候都要戴手套,这样既不会留下痕迹,又割不到自己的手……"如果这样表述,还会吓跑司机吗?

【病例3】:

接站的困惑

上世纪70年代。有个小青年在成都工作,父母却居住在贵阳。临近春节时,小伙子请好了探亲假,在买好了火车票后随即给父母发了封电报。电文如下:

"21日乘××次列车到,携物较多,请接站。"

小青年父亲接到电报后,捉摸了半天也没闹明白儿子究竟哪天回家。由于那时从成都到贵阳,火车要运行近24个小时。也就是说如果是21日启程,那么应该是22日才到,但电报上的那句"21日乘××次列车到"中的"到"字,又让老父亲担心是在21日到。考虑到儿子带的东西多,为保险起见,老父亲只好在21日去接站,结果即扑了个空。第二天继续前往,总算接到这位小青年。(故事摘录)

【诊断与治疗】:从这一例子可以看出,小青年电报中的"21日乘××次列车到"存在"对象不明"的语病。从字面上来看,可以理解为"21日乘××次列车启程",也可理解为"21日乘××次列车到站"。正是因为对象不明,才让老父亲白跑一趟,劳民伤财。

一是可将"到"字改为"启程";二是将日期改为22日,在"到"字后加一"站"字均可,意思都能表达清楚。即:"21日乘××次列车启程。携物较多,请接站。"或"22日乘××次列车到站。携物较多,请接站"。

【病例4】：

同桌关心一下

同学讲她中学时候的故事。上课时一个男生趴桌上呼呼大睡,被老师发现了,老师很淡定:"同桌关心一下……"

只见同桌脱下了自己的外套披在了睡觉男生的身上……(笑话改编)

【诊断与治疗】：老师所说的"同桌关心一下……"可以有两种理解：一是老师的本意,是让同桌把睡觉的同学叫醒;二是同桌理解的"关心"——"脱下了自己的外套披在了睡觉男生的身上。"之所以出现这样的情况,就是因为省略不当而引发的表意不明,属于"对象不明"的语病。

【病例5】：

新举措所导致的后果

为了提高员工的工作效率,公司经理让人在墙上挂上"想做就立即去做"的标语,希望以此激励员工的积极性!

过了一段时间,老板的一个朋友问他:"这个举措效果如何?"

老板愤怒地说:"出纳拿了10万元逃走了,办公室主任和我的女秘书私奔了,几十个员工一起要求加薪!"(笑话改编)

【诊断与治疗】：看来这"想做就立即去做"的说法并不是只有公司经理用于"激励员工积极性"的唯一理解,不同的人有不同的理解。无论是出纳的携款潜逃、办公室主任和女秘书的私奔,还是几十个员工一起要求加薪,所有的行为,都是缘于"想做",所以就"立即去做"了。这就是因为省略不当而惹的祸,属于表意不明中"对象不明"的语病。

【病例6】:

多种语言

一位英国游客去法国旅游。这天,他在一家旅馆的门前看到这样的公告:本旅馆各国语言均适用。

英国游客觉得十分有趣,便分别用英语、德语和俄语同经理交谈,可是经理却一言不发。

最后,英国游客没有办法了,他尝试着用不太熟练的法语问道:"请问,你们这儿是谁懂各种语言呀?"

"旅客。"经理一脸严肃地回答道。

（公告摘录）

【诊断与治疗】:"本旅馆各国语言均适用",这句话就有多种理解:可以理解为来的旅客无论使用什么语言,都能与服务员交流(这就是英国旅客的理解);也可以理解为无论使用什么语言的旅客,都可以入住(这是经理的理解)。其实,无论怎么理解,这句公告实际就是因省略不当而引发的表意不明,属于"对象不明"的语病。

(三)多音多义所产生的歧义

句子中某个字是多音的,即读音两可。

由于句中某个词或短语是多义的,在书面表达上可能有歧义(口头表达上不一定出现),而使句子意思可能有多种解释,让人费解,这种句子所形成的语病,就称为"多音多义"语病。

【病例1】：

多音字"还"所引起的歧义

到 2000 年底，小王还贷款一万元。（网络摘录）

【诊断与治疗】：这里的"还"因读音不同就有不同的意思：如果读"hái"，是"仍"的意思，作副词处理；如果读"huán"，是"归还"的意思，作动词处理。这样一来，句子就有两种不同的解释，形成了"多音字造成歧义"的语病。

【病例2】：

多音字"重"所引起的歧义

这句话你说重了。（书籍摘录）

【诊断与治疗】："重"有两个读音：当读"chóng"时，表示"重复"的意思，在这句话中表达的意思是"这句话你说重复了"；当读"zhòng"时，则表示"程度深"的意思，在这句话中表达的意思是"这句话你说得太重了"。读音不同所产生的意思完全不同，属于"多音字造成歧义"的语病。

【病例3】：

多音字"好"所引起的歧义

好读书时不好读书。（书籍摘录）

【诊断与治疗】："好读书时不好读书"这个句子中的两个"好"字，既可分别读成"hǎo、hào"，也可以分别读成"hào、hǎo"，读音不同，意思也不同。但不管怎么读，都可以表达出一个完整的意思。多音多义，让人无法确定作者本身的语意，引发歧义，形成语病。

（四）词性两可所产生的歧义

句子中某个字词可以作多个词性处理，不同的词性，代表着不同的语义，由此所产生的歧义，即词性两可所产生的语病。

【病例1】：

小心地滑

学校一幢新楼里铺着大理石地板砖，特别光滑，稍不注意，就容易摔倒。为了安全起见，避免发生摔伤事故，学校特意在走廊醒目处放了一块警示牌："小心地滑。"

一天，两名留学生在走廊上小跑，并做着在冰面上滑行的动作。值班的大爷见了，十分诧异，连忙上前制止："你们没看见警示牌上的字吗？"

两名留学生停下滑动，礼貌地点点头，并认真地回答："看见了，小心地（de）滑，小心地（de）滑，谢谢大爷，我们会小心的！"

看到在走道中滑行而去的两名留学生，值班大爷一脸的不解。（笑话改编）

【诊断与治疗】：在这则笑话中有一个关键字"地"，这是一个多音字，也是一个词性多解的字。不同的读音，词性也就截然不同。

当读"dì"的时候，词性是名词。所表达的是人类生长活动的所在，是表示思想或行动的某种活动领域。如："见地"、"境地"、"心地"。也就是学校警示牌想要表达的意思，即："地面很滑，须小心行走。"

当读"de"的时候，词性则为结构助词。一般用在词或词组之后，表示修饰后面的谓语。也就是两个留学生所理解的："小心地滑。"

【病例2】：

"保管"一词的不同语义

这个粮店的大米保管没有问题。（报纸摘录）

【诊断与治疗】："保管"一词，既可以理解为名词，指粮店的保藏和管理工作，这句话表达的意思是"这个粮店的大米保藏和管理工作没有问题"；也可以理解成动词，作"完全有把握，担保"解释，也就是说，可以理解为："这个粮店的大米完全有把握没有问题"；词义不同，意思也就不同，属于词性两可所产生的歧义。

【病例3】：

谁偷偷存了钱？

他背着总经理和财务总监偷偷地把这笔钱分别存入了两家银行。（1998年高考题）

【诊断与治疗】：这句话显然是有歧义的。因为，究竟是谁偷偷地存了钱？是他和财务总监一起存的？还是总经理和财务总监毫不知情、他一个人偷偷干的？之所以出现这样的歧义，问题就出在句中的"和"字上。"和"作为常用的虚词，有时是介词，有时是连词。当作为介词的时候，"和"与"跟、同、伙同"的意思相仿，这时全句的意思就成了：他和财务总监是同谋，一起把这笔钱分别存入了两家银行；但当"和"作为连词时，这句话就是另一种意思了，即：他背着总经理和财务总监两个人，自己把这笔钱分别存入了两家银行。

【病例4】：

少了点

小王的妻子在城管部门工作，有一天，夫妻俩一起出门买东西。妻子去买饮料,吩咐小王到水果摊上买些苹果。

小王买好苹果,看见妻子走过来,便举起装苹果的袋子,冲妻子喊道:"我买了两斤苹果,你看是不是少了点啊?"

卖苹果的小贩看到小王妻子正走过来,马上慌张起来,连忙抄起两个苹果,塞进小王的袋子里说:"大哥,我少你秤你直接跟我说嘛,你喊她来干什么? 得,我给你再添两个,这总行了吧?"

小王"?"(笑话改编)

【诊断与治疗】:这个笑话里的关键字"少",有两种解释,在小王看来,这"少"字所表达的意思的是"是不是买少了";而在小贩看来小王所表达的意思是"是不是少秤了"。其词性虽然没有改变,但所表达的却是两种完全不同的意思,属于多义词造成的歧义语病。

在前一句中加上一个"只"字,与后来的"少"相对应就可以了。即:"我只买了两斤苹果,你看是不是少了点啊?"

【病例5】:

"杜鹃"是指花,还是指鸟?

夏天的鸡公山上到处都是杜鹃。(报纸摘录)

【诊断与治疗】:"杜鹃"有两层意思:一层可以理解为花,即"夏天的鸡公山上到处都是杜鹃花";另一层可以理解为鸟,即"夏天的鸡公山上到处都是叫杜鹃的鸟"。所以,在句中没有说明是花,还是鸟,属于词性两可所产生的歧义。

【病例6】:

是不请假还是没请过假?

上课了,小王还没到校,班主任焦急地说:"她可是从来不请假的呀……"(书籍摘录)

【诊断与治疗】:"从来不请假"有歧义,既可指小王一贯不守纪律,不请假;又可指小王平时严于要求自己,遵守纪律,总是按时到校,没请过假。由于讲述不清,产生歧义,形成语病。

【病例7】:

是看不上还是瞧不起?

独联体国家看不上2002年世界杯足球赛。(2003年高考题)

【诊断与治疗】:动补结构"看不上"的一种意思是"看不起"、"瞧不起";另一个意思是"看不着(zháo)"、"看不到"。其词性没有改变,但所表达的意思却不同,属于多义词歧解。可改为:"独联体国家看不到(看不着)2002年世界杯足球赛。"

(五)停顿两可所产生的歧义

说话或阅读时的停顿地方不同,会引起意义上的差别,由于停顿所产生的歧义,就称之为停顿两可的语病。

【病例1】:

到底是"取缔"还是"不取缔"?

政府有关部门明令禁止取缔药品交易市场。(2003年高考题)

【诊断与治疗】：在阅读时，如果停顿在"明令"后，那么所表达的意思为"不取缔"；如果停顿在"禁止"后，那么意思就变成了"取缔"。也就是说，停顿在不同的位置，意思就截然不同，形成"停顿两可"的语病。

【病例2】：

是爱"小莉"还是爱"家里人"？

这一桩发生在普通家庭中的杀人悲剧在亲戚当中也有着不解和议论，要说小莉的妈妈不爱她家里人谁也不相信。（2004 年高考题）

【诊断与治疗】：病例中，因为停顿不同，有两种理解：如果停顿在"不爱她"之后，表达的就是"家里的人不相信小莉的妈妈不爱她"；如果停顿在"家里人"之后，则表达的是"谁也不相信小莉的妈妈不爱她家里的人"。停顿位置不同，所表达的意思也完全不同，形成"停顿两可"的语病。

【病例3】：

是"写不好"还是"不合适写"？

这份报告我写不好。（网络摘录）

【诊断与治疗】：这句话如果停顿在"报告"的后面，表示我的能力有限，写不好这份报告；如果停顿在"我写"的后面，表示由我写不合适，由别人写合适。可理解为"这份报告，我/写不好（能力有限）"，也可理解为"这份报告，我写/不好（可能由于身份等因素）"。

【病例4】：

到底是谁准备出发？

司令部通知：连长、指导员马上到团部开会，其他连的干部集合部

队,准备出发。(通知摘录)

【诊断与治疗】:这句话如果停顿在"其他"后面,表示同一个连的别的干部准备出发;如果停顿在"其他连的"后面,则表示别的连的干部准备出发。停顿不同,出发的人完全不同,属于"停顿两可"的语病。如此的通知,着实让人无所适从。

(六)标点不当

【病例1】:
滥用标点引起的歧义

松下公司这个新产品14毫米的厚度给人的视觉感受,并不像索尼公司的产品那样,有一种比实际厚度稍薄的错觉。(2004年高考题)

【诊断与治疗】:由于第二个逗号的存在,"有一种比实际厚度稍薄的错觉"既可以指"松下公司这个新产品",也可以指"索尼公司的产品"。改法有多种,其中要表达是"索尼公司的产品",只需要去掉第二个逗号;要表达是"松下公司这个新产品",则只需在"有一种比实际厚度稍薄的错觉"的前面加"该产品"。属于滥用标点所引起的歧义。

【病例2】:
标点符号标注不同,意义也不同

只要你单位同意,报销旅差费,安排住处,领取大会出席证的问题可由我们解决。(1991年高考题)

【诊断与治疗】:可分别改为"只要你单位同意,报销旅差费、安排住宿、领取大会出席证的问题可由我们解决"，或"只要你单位同意报销旅差费，安排食宿、领取大会出席证的问题可由我们解决"，或"只要你单位同意报销旅差费、安排食宿，领取大会出席证的问题可由我们解决"。逗号和顿号的标注不同，意义也不同。

【病例3】：

是否添加逗号所带来的不同结果

收购站营业员因认真执行规定，对收购进来的有病猪肉，未按该站主任的意图，加盖"合格肉"图章，所以遭到迫害。（2000年常州市模拟卷）

【诊断与治疗】： 该句本意是：收购站营业员没有给有病猪肉加盖"合格肉"图章，违背了主任的意图，所以遭到迫害。但却在"意图"后加上一个逗号，意思变成了：收购站营业员给有病猪肉加盖"合格肉"图章，违背了主任的意图，所以遭到迫害，意思恰好相反。故根据句意的需要，若表示前者意思，则在"意图"后不加逗号，若表示后者意思，则可在"意图"后加逗号。

（七）口语同音词引起的歧义

这种情况在文字中一般不会出现，只有在口语中才会让人产生误会，引发歧义。

【病例1】：

"全部"与"全不"所产生的歧义

经过检测，产品全部合格。（电视摘录）

【诊断与治疗】：在口语中，"全部"与"全不"同音，本来想表达的意思是"产品全部合格"，但容易让人误会为"产品全不合格"。属于口语同音词引起的歧义。

【病例2】：

是"致癌"还是"治癌"？

科学家们最近发现，这是致癌物质。（报纸摘录）

【诊断与治疗】：同理，因口语中"致癌"与"治癌"同音，容易产生的歧义，听成"这是治癌物质"。属于口语同音词引起的歧义。

【病例3】：

我是他亲爹

小莉在网上看到一条租房信息，便按上面的电话打了过去。

接听的是一位老先生，他说："我儿子有处闲房要出租，但他现在不在家。"

接着，这位老先生详细介绍了房子的情况，小莉听后感到很满意，便问了一句："那你是季付呢，还是月付？"

老先生一听，气愤地说："什么继父、岳父？我是他亲爹！"（笑话改编）

【诊断与治疗】：一看这则笑话，就知道是同音词引起的误会。"季付、月付"与"继父、岳父"同音，属于口语同音词引起的歧义。

从以上例子我们可以看出，无论是说话，还是写文章，所要表达的意思都应该是准确的,明了的。因为只有语言准确、意思明了才能达到交流思想、表达情感的作用。

三　数词误用　量度失衡

据宋人陶岳《五代谱》载:在唐朝,有个和尚叫齐已。一天,他带着诗作《早梅》去请教诗人郑谷。郑谷反复吟咏后说:"题为《早梅》,全诗应突出一个'早'字,而'前村深雪里,昨夜数枝开'的'数枝',好像已花满枝头,怎能称得上'早梅'呢? 如将'数'字改成'一'字,说明众花未放,独开一枝,足见其'早'了。"齐已听后佩服得五体投地,遂尊其为"一字师"。改动一个表示数量的词,点铁成金,可见正确运用数词多么重要。

在病句的辨析中,我们经常会遇到与数字有关的语病。而在日常生活与工作中,与数字有关的情景与事件亦会时常发生。如果我们不能正确地把握好数词的正确运用,势必发生数词的误用,出现语病。从而严重妨害了祖国语言文字的纯洁和规范,也有损于准确表情达意。高考语文命题者也经常选这样的误用例子构成题目来检测考生的数词辨识能力,可见,数词应用上的错误已经引起了有关部门的高度重视。

那么,我们该如何避免数词误用的语病呢? 其实,一般来说,只要我们辨析数字的使用情况,就可以找到病症所在。

如今报刊林立,信息量丰富,对开阔视野,获取知识,给人们生活学习带来极大便利。但是,某些常识性差错不时出现在报刊版面。甚至有人调侃,无错不成报。可以说已经成为"屡议屡犯"的"老大难"问题。

下面,我们就以一些报刊或文学作品中常常出现的"数词误用"语病为例,来对数字运用上的错误进行诊断治疗。

注:以下文中所使用的辨别数词使用正确与否的标准均以国家《关于出版物上数

字用法的试行规定》（以下简称《试行规定》）、《国家标准出版物上数字用法的规定》（以下简称《国家标准》）及国家对使用数字的有关要求为依据。

（一）表示数目增加的误用

【病例】：

小王涨工资

小王参加工作后，工作一直认真负责，表现突出，获"劳动模范"称号。为了鼓励先进，单位决定给他增加一级工资。

得知消息后，小王非常激动，马上跑去告诉女朋友：

"小洁，你知道吗？我评上劳模了，我们单位决定给我加工资了哦！"

"是吗？那加了多少啊？"听了小王的话，女友也非常高兴，马上兴奋地问。

"我原来工资是三千八，奖励一级是二百，现在增加了四千。"

"啊？不会吧？增加了四千？"小洁张大嘴，睁大眼睛不敢相信地问。

"哦哦，不是……"小王只能重新解释。

"你啊，话都说不清楚，害我白激动了！还真以为加了那么多呢。"小洁瞪了小王一眼。

"……"高兴劲全没了！（笑话改编）

【诊断与治疗】：表示数目的增加，可用"增加了、增加到"。但二者表示的意义不同。用"增加了"表示增加的数目，不包括底数在内；用"增加到"表示增加后的总数，包括底数在内，两者不能混用，否则就属于表示数目增加的误用。

在上例中,小王所说的是"现在增加了四千",明显已经包括了底数,出现了"数目增加的误用"。如果把"现在增加了四千"中的"了"字改为"到"字就可以了。即"我原来工资是三千八,奖励一级是二百,现在增加到四千"或改成"我原来工资是三千八,现在增加到了四千,增加了二百"。

(二)表示数目减少与扩大的误用(倍数的误用)

表示数目的减少,不能用倍数,只能用分数或具体的数目。此外,还应注意"增加了(到)、减少了(到)"的区分。

【病例1】:

是减少了一倍吗?

我们班原来有三十个同学,今天只来了十五个,上课人数减少了一倍。(作文摘录)

【诊断与治疗】:例中的"减少了一倍"表示三十个同学一个都没来,反而来了负三十个同学。而没有"负三十个同学"的说法,因此错。可将"减少了一倍"改为"减少了二分之一(或'一半')"。原句应改为:"我们班原来有三十个同学,今天只来了十五个,上课人数减少了二分之一(或一半)。"

【病例2】:

时间缩短了一倍?

据报道,这个石灰厂过去六天生产一窑,现在三天生产一窑,时间缩短了一倍。(报纸摘录)

【诊断与治疗】：例中缩小减少不能用倍数。与上例一样，"时间缩短了一倍"所表达的意思是：过去六天生产一窑，而现在只用负六天就生产一窑。而没有"负六天"的说法，因此错。正确的表达可以用分数或具体的数目。故例句的"一倍"可改为"二分之一"或"一半"或"三天"。原句应改为："据报道，这个石灰厂过去六天生产一窑，现在三天生产一窑，时间缩短了二分之一（或一半）。"

【病例3】：

增加了7倍?

河塘乡种植新品种水稻的面积，从去年的1500亩到今年的10500亩，增加了7倍。（报纸摘录）

【诊断与治疗】：例中"增加了"表述的是净增数，不包括底数在内。故例句中的"7倍"应改为"6倍"。原句改为："河塘乡种植新品种水稻的面积，从去年的1500亩到今年的10500亩，增加了6倍。"

【病例4】：

"减少到"是表示现在实有数

由于加强了技术改造，每台电机的成本减少到原来的十分之八，即由1000元压缩为200元。（报纸摘录）

【诊断与治疗】：例中的"减少到"是表示现在实有数，不包括被减去的数目，所以"200"应改为"800"。这是数目减少的主客关系不明造成的错误。原句应改为："由于加强了技术改造，每台电机的成本减少到原来的十分之八，即由1000元压缩为800元。"

（三）"俩、仨"的误用及"二、两"的区分

首先，我们来看看"俩、仨"的误用。

【病例1】：

"俩、仨"的误用（之一）

小王与小张许久未见了，一见面，小王就热情地拉着小张的手说："走，到我家去，咱们哥两好好聊聊。"（书籍摘录）

【诊断与治疗】："两"仅是单纯的数词，不包含后面跟的量词"个、位"等，"俩"本身表示的则是"两个"的意思。因此，说"哥两"时，后面一定要加量词"个"，如果不加量词"个"，就应说成是"哥俩"。反过来，后面加了量词"个"，前面就不能再用"俩"，只能用"两"。否则就属于"两、俩"的误用。应把"两"改为"俩"，即："走，到我家去，咱们哥俩好好聊聊。"

【病例2】：

"俩、仨"的误用（之二）

年末到了，工作特别多，把车间主任忙得团团转。只听他不停的安排着工作："小李，我们俩个去拉原料；小张、小王、小苏，你们仨个赶紧去把仓库清扫下……"（书籍摘录）

【诊断与治疗】：同上，"俩、仨"本身就表示"两个、三个"之意，后面不能再加量词"个"，也就是说不能说"我们俩个，你们仨个"，只能说"我们俩、你们仨"。原句应改为："小李，我们俩去拉原料；小张、小王、小苏，你们仨赶紧去把仓库清扫下……"

以上两例均同属于"俩、仨"的误用语病。

其次,在数词运用上,还有个"二"、"两"的使用习惯问题。一般来说,在表示度量衡单位时,"二、两"可以互用。如:二斤(米)、两斤(米)、二尺(布)、两尺(布)。但在"斤两"的"两"前,只能用"二",不能用"两"。

下面我们一起来看看"二、两"在用法上的区别。

一是当作数字或在数学中,用"二"不用"两"。如:

"一加一等于二"、"一元二次方程"。

二是序数、小数、分数中用"二"不用"两"。如:

"第二"、"二哥"、"零点二"、"二分之一"。

三是在一般量词的个位数前用"两"不用"二",十位数前(或后)用"二"不用"两"。如:

"两个人"、"去了两次"、"去了二十次"、"去了十二次"。

四是在传统的度量衡单位前,"两"和"二"一般通用,只是在质量单位"两"前用"二"不用"两"。如:

"二(两)尺布"、"二两油"(不说"两两油")。

五是在多位数中,百、十、个位用"二",千位以上多用"两",但首位以后的百、千、万前多用"二"。如:

"二百二十二"、"两千元"、"两亿人口"、"三万二千二百人"。

"俩"作为数词用时,读 liǎ。在《现代汉语规范词典》中解释有两层意思,一为表示两个,如:"你俩、我俩、他俩";二为表示概数"不多、几个"的意思,如:"就这俩人","有俩钱"……但"俩"字后不能跟"个"字或其他量词。

（四）概数词的误用

【病例1】：

"不能超过一千字"

小王是一个文学爱好者，经常向报纸杂志投稿。在投稿前，小王都会认真阅读征稿要求。每当他看到："来稿不能超过一千字左右"的要求时，都有一种不知所云的感觉。（专访摘录）

【诊断与治疗】："不能超过一千字"，已经将字数限定在"一千字"以内了，而"左右"则包括了"一千字"以上的数目，前后矛盾，属于概数误用，自相矛盾的语病。应将"左右"去掉，改为："来稿不能超过一千字。"

【病例2】：

"以上"、"以下"的表达不周密

我们在公园门口，时常会看到这样的提示语：一米二以下的儿童不买票，一米二以上的儿童要买票。

小娜正好一米二，所以，小娜父母没给小娜买票。可是正准备带着她进入公园时，在公园门口被公园管理员拦下了。公园管理员要求小娜的父母替小娜买票，而小娜父母坚持不买，双方发生了争执。

最后，小娜父亲指着门口的提示牌说："我女儿今年刚好一米二，你们这上面没规定刚好一米二的儿童买不买票。"看着提示牌，公园管理员语塞了，只得让小娜进入了公园。（公告摘录）

【诊断与治疗】：提示"一米二以下的儿童不买票，一米二以上的儿童要买票"，那么，刚好一米二的儿童买不买票呢？于是中间出现了一个空档，让小娜父母抓住了把柄。这属于表义不严密的语病。应在"一

米二以上"的后面加上个括号,注明"包括一米二"。改为:"一米二以下的儿童不买票,一米二以上的儿童(包括一米二)要买票。"

(五)概数误用阿拉伯数字

【病例】:

机灵的悦悦

悦悦是一个非常聪明的孩子,幼儿园放假时,就由邻居王大妈照看。王大妈特别喜欢悦悦,总对悦悦的妈妈说:"别看她才5、6岁,还没跨进校门,可那一脸的机灵,实在讨人喜欢。"(书籍摘录)

【诊断与治疗】:《国家标准》明确规定:相邻的两个数字并列连用表示的概数,必须使用汉字。连用的两个数字之间也不得用顿号隔开。上例中的"5、6岁"应改为"五六岁"。全句正确写法应为:"别看她才五六岁,还没跨进校门,可那一脸的机灵,实在讨人喜欢。"

(六)约数误用阿拉伯数字

【病例1】:

也不过10几斤?

新学期又将开学了,为了能交上学费,妈妈让芳芳到地里去挖些红萝卜,以便赶集时好卖些钱。

于是,芳芳便到地里挖了起来。可是,挖了半天,也不过10几斤。芳芳嘟着嘴,挎着篮子,沿着小路走回了家。(书籍摘录)

【诊断与治疗】：约数有两种情况：凡是带"几"的，必须用汉字；其他有"多、余""左、右""上、下"等等表示的，则必须视上下文而定，以局部体例的统一为原则。一般情况下，也以用汉字为宜。应将"10 几斤"改为"十几斤"。即改为："……挖了半天，也不过十几斤。芳芳嘟着嘴，挎着篮子，沿着小路走回了家。"

(七)概数、约数的误用

【病例 1】：

产量究竟提高多少？

一家企业的年终总结这样写道："经过全体员工齐心协力的顽强拼搏，产量提高了五至八倍左右。"（总结摘录）

【诊断与治疗】："五至八倍"是约数，"左右"也是约数，两个约数词不能同时用在同一句话中。删去"五至"或"至八"亦可。即改为："经过全体员工齐心协力的顽强拼搏，产量提高了五倍（或八倍）左右。"

【病例 2】：

庄稼减收几成说不清

天灾无情，人有情。由于洪涝灾害，南方许多乡村直接受到影响，造成大面积减产。对此，上级专门派出调研组，准备进行困难帮扶。于是一个乡村在汇报材料中写道："由于长时期的大水浸渍，庄稼与上年相比减收约三五成上下。"（报纸摘录）

【诊断与治疗】："约"、"三五成"、"上下"全是概数，用在一起有两方面的语病：一是用词重复，二是表意不明。揣摩语境，只用一个概数词

和一个确数词即可。即原句应改为:"由于长时期的大水浸渍,庄稼与上年相比减收约三成(五成)。"

【病例3】:

小李买鸡

周末了,不用匆匆忙忙去上班,所以,小李媳妇就让小李去买只鸡回来,准备改善一下生活。

不一会儿,小李就买了回来,一进门就兴冲冲地对媳妇说:"快来看哦,这只鸡怕有八、九斤左右。可那农民没带秤,30 元就卖给我了,便宜吧?"

小李媳妇:"说的什么话哦,八、九斤,还左右? 那是多少啊?"

小李:"……"(笑话改编)

【诊断与治疗】:有两处语病,一是数目词都是由相邻的两个数字组成的,都表概数,必须用汉字,两个数字之间一般不用顿号。二是出现与例 1 相同的语病,两个约数词不能同时用在一个语法结构中,应去掉中间的顿号与后面的"左右"。原句应改为:"这只鸡怕有八九斤……"

从以上例证我们可以看出,概数与约数是模糊的。

汉语表达概数、约数的方法有以下五种:

一是用"几"来表示。"几"在问句中不轻读,但是表示概数的时候,可以轻读,且后面还需加量词。"几"的数量范围在二到九之间,可以用在"十、百、千、万、亿"之前或者"十"之后。

如:这个月他只发了几百的工资。

二是并列两个相邻的数字。

如：寺庙前的那棵银杏树有七八十年了。

三是在数词或者数量短语的后面加上"以上、以下、以内、以外"等来表示。"以上"和"以下"分别表示大于和小于前面数字的不确定的数量，而"以内"和"以外"分别表示不超过和超过前面数字的不确定的数量。

如：10公里以内免费送货。

四是在数词或者数量短语的后面加上"左右、上下、开外、多、来、把"等来表示。其中："左右"和"上下"表示接近前面的数字；"开外"多用在十位数的后面，表示比前面的数字大；"多"表示余数不定；"来"与"把"表示全数不定。

如：中间那位50岁左右的先生就是这家公司的经理。

五是在数词前面加上"成、上、约、约莫、大概、将近"等词语来表示。

如：这位技术能手在这个岗位上已经干了将近八年了。

（八）误用阿拉伯数字若干例

1. 夏历月日误用阿拉伯数字

【病例】俗话说："子靠出生时，女靠行嫁年。"许多年轻人都喜欢把结婚日定在八月十五这一天，因为这一天月亮满圆，光辉皎洁，人间天上气清澈，实为良辰美景之吉日，以象征花好月圆，永结同心。

这天，大学王老师收到了得意门生的结婚请柬，非常高兴。精美的请柬充满了喜庆与温馨，打开一看，微微皱眉，只见扉页赫然印着一句烫金字："8月15日，圆月当空。天上月圆，地上人圆。让我们为新人举杯……"（请柬摘录）

【诊断与治疗】：汉字和阿拉伯数字是两种不同的符号系统，为了准确地反映历史面貌，《国家标准》规定：凡中国干支纪年和夏历月日，均应使用汉字。

"八月十五"即中秋节，这是按夏历计算的，故不能用阿拉伯数学，属于夏历月日误用阿拉伯数字语病。应将"8月15日"应为"八月十五"，即："八月十五圆月当空。天上月圆，地上人圆。让我们为新人举杯……"

同理，我们时常所说的"大年三十"，显然也不能写成"大年30"。按照这条规定，"丁丑年三月十二日"，这是中国干支纪年，也不写成"丁丑年3月12日"。也就是说，凡是中国干支纪年，均不能使用阿拉伯数字。

2. 定型的词或词组中的数字误用阿拉伯数字

【病例】：如今诸多故事情节离奇、场景险峻的谍战片已逐渐被观众所追崇。曾看到一部战争影片的剧情介绍为："影片上侵略者长驱直入，一路只见残垣断壁，荒草野径，你怎能不感到8国联军铁蹄的疯狂？怎能不感到这一页历史的沉重？"（剧情介绍摘录）

【诊断与治疗】：《国家标准》规定，凡是已经定型的词、词组、成语、惯用语、缩略语或具有修辞色彩的词语中作为语素的数字，都必须用汉字。

在上例中，"八国联军"是一个定型词组，不是临时组合，因此不能写作"8国联军"。属于"定型的词或词组中的数字误用阿拉伯数字"语病。可见，简介中的一字之差，足以影响到一部作品的文化底蕴。应将"8国联军"改为"八国联军"。

同理，"第三世界"，不能写作"第3世界"；"十月革命"不能写作"10月革命"；"二万五千里长征"不能写作"25000里长征"；"五四运动"不能写作"54运动"；"八一南昌起义"不能写作"81南昌起义"……

否则都属于定型的词或词组中的数字误用阿拉伯数字语病。

3. 星期几误用阿拉伯数字

【病例】:星期 2 清早,我们在操场排好了队,等了好久,全班同学都伸长了脖子,也不见新车开过来……(报纸摘录)

【诊断与治疗】:《国家标准》规定:"作为语素的数字,必须使用汉字。"且《试行规定》和《国家标准》都明确规定:君王年号纪年、夏历传统节日等均应用汉字,公元纪年应用阿拉伯数字,作为一个汉语词素的数字要用汉字,不能用阿拉伯数字。即:"星期几"一律用汉字。

在英语中,"星期二"便成一个单词"Tuesday",不是"星期"和"二"的组合。也就是说,"二"是一个语素。为此"星期 2"应为"星期二",这是一个完整的概念。因此,上例属于"星期几误用阿拉伯数字"语病。可改为:"星期二清早,我们在操场排好了队,等了好久,全班同学都伸长了脖子,也不见新车开过来……"

4. 历史纪年误用阿拉伯数字

【病例】:

①曾在一本历史小说中看到这样的描述:"嘉靖 8 年,一条鞭法正在推广,税制大为简化。"(书籍摘录)

②秦文公 16 年,秦国终于击败了西戎,收复了西戎人占领的周王室的土地。(书籍摘录)

③天宝 14 载,安史之乱爆发。(书籍摘录)

【诊断与治疗】:《国家标准》规定,凡中国清代和以前的历史纪年、中国各民族的非公历纪年,均不应与公历混用,也就是说不能用阿拉伯数字;可以按传统体例即用汉字表述,并用阿拉伯数字括注公历。

例①中的"嘉靖",是明代皇帝的年号,按照出版物上数字用法的规定,"嘉靖 8 年"显然属于清代以前历史纪年误用阿拉伯数字语病。应

将"嘉靖 8 年"改为"嘉靖八年"。即为："嘉靖八年(公元 1529 年)一条鞭法正在推广,税制大为简化。"

同理,例②中的"秦文公"是春秋时秦国国君公元前 765—前 716 年的年号。用"秦文公 16 年"显然属于同类语病。应将"秦文公 16 年"改为："秦文公十六年(公元前 750 年)",即:"秦文公十六年(公元前 750 年),秦国终于击败了西戎,收复了西戎人占领的周王室的土地。"

例③中的"天宝"是唐玄宗的年号,故"14 载"应改成"十四载"。即:"天宝十四载,安史之乱爆发。"

(九)年份随意缩略

一些企事业单位,在行文的数词使用上常常随意缩略。尽管一般来说,年份缩略的写法、读法大家都听得懂,看得懂,已经形成一定的抒写方式与口语化。但严格来说,这种随意缩略的行文方式实不可取,不仅不规范,且不严谨,容易产生歧义。是属于语法修辞中的"年份随意缩略"语病。

【病例】:

①一篇领导讲话稿中这样写道:"早在 92 年前,此事便已提上议事日程,但提而不决,至今还是八字未见一撇。"(讲话稿摘录)

②年终总结时,收到题为"98 年工作总结"的文字材料屡见不鲜,几乎让人见怪不怪。(工作总结摘录)

【诊断与治疗】:《试行规定》中曾明确指出:"年份不能简写,如 1980 年不能写作 80 年,1950 年—1980 年不能写作 1950—80 年。"而《国家标准》则稍稍表现出一点弹性,加了"一般"两字,即"年份一般不

用简写"。但为了与《试行规定》相一致,避免产生歧义,在注明年份时,尽量不要缩写。

为此,在例①中的"92 年前"应为"1992 年前",否则,容易产生歧义。因为"92 年前"也可理解为"九十二年前"。也就是说"1990 年不能简作'九〇年'或'90 年'"。但两者基本精神是一致的。上例"92 年前"显然不合这一规定。

同理,例②中的"98 年"的表述有歧义,可以理解为公元纪年年序,即"1998 年";也可理解为计算年岁的数量,即 100 减 2 的差。将"1998 年"简略成"98 年",表意不确定,势必妨碍正确理解。

看到这里,我们一起来看一个此类的语病笑话:

有一个大学应届毕业生在找工作的应聘答辩中,当主考官问他是哪年毕业的。他本来想说是 2000 年毕业的,可是一紧张竟然说成了"两千年前……"更有意思的是,主考官竟然"噢"了一声,对他说:"孔子的学生吧。"

上述两例均属于"年份随意缩略"语病。

(十)世纪和年代误用汉字

世纪和年代误用汉字的例子我们随处可见,下面我们来看看几种常见的世纪和年代误用汉字语病:

【病例】:

①十九世纪末期,一个叫秋田柳吉的人,从大孤来到东京。

②本世纪二十年代初,有声电影兴起,无声电影开始走下坡路。(书籍摘录)

③公元一九九九年五月二十日晚 8 点半,西门公园的东北角突然发出一声骇人的长啸声。(书籍摘录)

【诊断与治疗】：根据《国家标准》，公历世纪、年代、年月日以及时、分、秒，这是一完整的时间系列，均应用阿拉伯数字表示。

因此，例①的"十九世纪"应改为"19 世纪"。正确的表述应为："19 世纪末期，一个叫秋田柳吉的人，从大孤来到东京。"

同理，例②中"二十年代"应改为"20 年代"。即改为："本世纪 20 年代初，有声电影兴起，无声电影开始走下坡路。"

在例③的"公元一九九九年五月二十日晚 8 点半"一句中，世纪和年代用了汉字，而时间则用了阿拉伯数字，同一系列，两样书写，不符合数字使用要协调、得体的规定。应把第一句改成"公元 1999 年 5 月 20 日晚 8 点半"。

（十一）用阿拉伯数字书写的多位数断开换行

【病例】：

"作家吴涛，一年来足不出户，笔耕不辍，写了 6500 00 字，其中有一部长篇、两部中篇……"（报纸摘录）

【诊断与治疗】：《试行规定》和《国家标准》对此均有明确规定，用阿拉伯数字书写的多位数中间不可断开。因为用阿拉伯数字书写的多位数一旦断开换行，数值便无法准确识读。

在上例中，由于多位数"650000 字"从"6500"后断开，前面成了"6500"，后面成了"00"，"00"也就成了没有首位数的数值，让人莫名其妙，不知其解。因此，用阿拉伯数字书写的数值，是不能断开换行的。上例属于"用阿拉伯数字书写的多位数断开换行"语病。应改为："作家吴涛，一年来足不出户，笔耕不辍，写了 650000 字，其中有一部长篇、两部中篇……"

(十二)几种不同体系的数词混用

一是不同体系的数词混用。

【病例】:

①某新闻报道:"一方有难,八方支援。短短一周内,便收到了来自四面八方的 4 万 3 千 5 百元的捐款……"(报纸摘录)

②在商务往来中,时常看到这样的字据:"款项合计二千四百六十元整。"(报纸摘录)

③通用机械厂今年二季度销售机械 1 万 3 千 5 百 20 台套,创产值 93 万 7 千 4 百 20 元。(报纸摘录)

【诊断与治疗】:《出版物上数字用法的规定》中指出,在非科技出版物中,一般可以"亿"、"万"作单位;数值巨大的精确数字,为了便于定位读数或移行,作为特例可以同时使用"亿""万"作单位。但一般情况下,不得以十、百、千、十万、百万、千万……为单位,更不能如上文"万、千、百"同时使用。

因此,在例①中的"4 万 3 千 5 百元"是不合规范的,可以改为"43,500 元",也可写作"4.35 万元"。

例②中的钱币数量总计应使用汉语大写数词。故"二、四、六、十"应该改为大写数词,即:"款项合计贰仟肆佰陆拾元整",这样的数词写法才不易产生歧义,不易导致商业争议。

例③是数量与其单位不合规范。同理,上例中的数目应分别写成"1.352万台套"和"93.742 万元",也可分别写成"13,520 万台套"和"937,420元"。

以上三例同属"几种不同体系的数词混用"语病。

二是公制计量的误用。

【病例1】：

这核桃真好

每二十克竟有七八个，这核桃真好。（报纸摘录）

【诊断与治疗】：公制计量，尤其是国际通用的公制度量衡单位，一般要用阿拉伯数字计量；市制计量，尤其是古制度量衡单位，要用汉语数词。因此，上例中的"克"是国际通用的计量单位，应配以阿拉伯数词"20"计量。应改为："每20克竟有七八个，这核桃真好。"

【病例2】：

祖父交租

祖父向地主交租2斗3升5合。（书籍摘录）

【诊断与治疗】：同理，上例中的"斗"、"升"、"合"均是古代容量单位，"2"、"3"、"5"应分别改用汉语数词"二"、"三"、"五"，这样才和谐一致，属于"公制计量的误用"。应改为："祖父向地主交租二斗三升五合。"

（十三）数词赘余

【病例1】：

三百天加六十五天！

凌峰与婉溪结婚一年了，由于分居两地，时时饱受思念之苦。终于等到了的团聚的时刻，凌峰拥着婉溪动情地说："你总算来了！我足足等了你一年，三百六十五天，三百天加六十五天

啊!"(笑话改编)

谁都知道一年就是三百六十五天。说了"一年",再说"三百六十五天",这就够强调突出"天天在等待,在盼望"的意思了,无须再说"三百天加六十五天",这属于数词赘余语病。应改为"你总算来了!我足足等了你一年,三百六十五天啊!"

【病例2】:

打了一个盹

年终了,大家都盼着发年终奖。可是李明英却高兴不起来,因为发放年终奖是要进行严格考核的。明文规定,工作时间不能睡岗,而李明英的考核记录上有这样一条考核记录:"上班时间睡岗。"

同事们开笑话说这一觉睡去了几十元,而李明英则很委屈地说:"没睡多久,我就伏在桌上打了一个盹。"(笑话改编)

【诊断与治疗】:从上例中我们可以看出,被描述的事物"打盹"只有一个,应该直接用量词表示,而不不必再用数词"一"。所以上例中的"一"是多余的,属于数词赘余语病。应改为:"没睡多久,我就伏在桌上打了个盹。"

（十四）数词位置不当

【病例1】：

"六个"数量词的位置不当

夏天到了,某文学社准备组织一次采风活动,要求下面各分社报上本分社参加人数,并要求每个都写一篇采风随感。

回来后,一个社员在采风随感中写道："我们六个文学社的社员参加了采风活动……"（采风日记摘录）

【诊断与治疗】：在上例中的"六个文学社的社员"有多种理解。可以理解为"社员来自六个文学分社",也可以理解为"同一个文学社的六个社员",因而产生歧义,这在语法上属于多层定语语序不当造成的语法错误。造成歧解的主要原因是"六个"数量词的位置不当,如果将其移置"文学社的"之后,即改为："我们文学社的六个社员参加了采风活动。"表意就清楚了。

总之,关于"数词的误用"语病,我们只要稍加留意,随处可见。其实,只要我们在日常行文或写作中能够规范使用数词,"数词的误用"是完全可以避免的。

对此,我们要充分把握数词的正确写法,养成正确应用阿拉伯数字及数词的好习惯,不断提高我们正确使用汉字的能力,即可避免因数词的误用而导致语病。

看到这里,我们不妨再来看看几则数词方面的语病小笑话,以便轻松轻松。

【病例2】：

相　亲

江涛已经过了三十，还没找着女朋友。亲朋好友都为他着急。热心肠的王阿姨几经周折，终于帮他物色到了一个各方面条件都不错的姑娘。

这天，约好了在公园见面。寒暄几句后，姑娘问："你们家有多少人啊？都有谁啊？"

"我们一家三口，爸爸妈妈和姐姐。"江涛赶紧回答。

"啊？"姑娘心想这人该不会是个傻子吧？连数都不识，难怪这么大年纪还没对象。

约会告吹。（笑话改编）

【诊断与治疗】：既然是问江涛一家多少人，都有谁，显然应该包括江涛自己在内。而江涛回答的"一家三口，爸爸妈妈和姐姐"就已经是三口了，那么江涛自己呢？不算"一口"？如此算法，不把姑娘吓跑才怪。原句可改为："我们一家四口，爸爸、妈妈、姐姐和我。"

【病例3】：

征婚启事

时下都流行在报纸杂志上登载征婚广告，有一则征婚启事在择偶条件中有这样一条要求："身材不高不矮，要求在 1 米 76 以上，1 米 78 以下……"（征婚启事摘录）

【诊断与治疗】：一是数词与计量单位使用不规范。"1 米 76"或"1 米 78"这是口语化的说法，"1 米"知道了计量单位，而后面的"76"则形成了计量的残缺，不能表达出一个完整的计量单位。严格来说，属于数

词的误会。

正确的书写方式应为："在 176cm 以上，178cm 以下"或"1.76 米以上，1.78 米以下"。

二是"在 176cm 以上，178cm 以下"的不就只有一个 177cm 吗？直接写上不就完了，没必要使用概数词，纯属多此一举。

【病例 4】：

量词的误用

由张千一作词作曲的歌曲《青藏高原》，在 20 世纪 90 年代由歌手李娜演唱之后，就深受广大群众喜爱，广为流传，一时间就红遍大江南北。其中有一句歌词为："我看见一座座山、一座座山川，一座座山川相连。"（歌词摘录）

【诊断与治疗】：严格地说，这句歌词是存在语病的。我们都知道，"山"的量词是"座"，而"川"的量词是"条"。而"山川"是一个集合名词，即有山，又有川，如果要用一个量词，也只能用"些"来表示，而不能用与"山"单独搭配的量词"座"或与"川"单独搭配的量词"条"。显然"一座座"只能与"山"搭配，却不能和"川"搭配，属于"量词的误用"语病。如果把"一座座"改为"一些些"显然不妥，因而，如果要改，只能改集合名词"山川"，可改为"山峦"。

成果测评

试着分析以下题目中的语病,并指出如何改正。

1. 车不要了

一女奇丑,总也嫁不出去,一心只希望能被拐卖。一天,终于梦想成真了。没曾想,拐是被拐了,可是过了半月都因太丑而卖不出去。人贩子没办法,只好将其送回。

到了家门口,她却坚决不下车,并对几个人贩子说:"求求你们继续找买家吧,一定会用特别贵的价格有人在明天买了去。"

一绑匪一咬牙、一跺脚对同伙说:"走,车不要了!"(笑话改编)

2. 主语是"阴谋活动"还是"我们"?

恐怖分子的阴谋活动是应当加以揭露,而且能够把它揭露的。

3. "母牛"被"流传"?

江西贵溪县一头原本默默耕田的母牛,最近因勇斗野猪救主人而被广为流传。(报纸摘录)

4. "神效"怎么走向世界?

蚂蚁治疗类风湿专科门诊开诊不久……小小蚂蚁的神效开始走向世界。(报纸摘录)

5. 经济学家的看法到底是什么?

美国政府表示仍然支持强势美元,但这到底只是嘴上说说还是要采取果断措施,经济学家对此的看法是否定的。(2004 年高考题)

6. 是谁有说有笑?

孩子们很喜欢离休干部李大伯,一来到这里就有说有笑,十分高兴。(1992 年某省高考题)

7. 谁是"批评"的人?
他在某杂志生活栏目上发表的那篇关于饮食习惯与健康的文章,批评的人很多。(2005 年高考题)

8. 究竟是几人当了新农民?

1965 年的秋天,我瞒着你奶奶和你姑姑毅然决然到山西曲沃当新农民,一干就是 18 年,这是我人生的重要经历。(回忆录摘录)

9. 一条健康的双腿?

我希望有一条健康的双腿,一个智慧的大脑……

参考答案：

1. 按照多层状语的语序排列，一语病出在丑女最后的这句话上"……一定会用特别贵的价格有人在明天买了去。"按照离中心语"买了去"由远及近的顺序，表时间的状语"明天"应该放在表示方式的状语"特别贵的价格"之前；表范围的状语"有人"应紧随表时间的状语"明天"之后。即改为："求求你们继续找买家吧，一定会在明天有人用特别贵的价格买了去。"

2. 前一句的主语是"阴谋活动"，后一句的主语本应是"我们"，由于承前省了，就使得后一句的主语无形之中变成了"阴谋活动"，丢掉了真正的主语"我们"，造成句子意思表达不完整，因此形成暗换主语的语病。应改为：在后一句前加上"我们"，即："恐怖分子的阴谋活动是应当加以揭露的，而且我们能够把它揭露。"

3. 这句话乍一看好象没什么问题，但如果我们采取紧缩句子的方式把原句进行紧缩，句子的主干就变为了："母牛被流传。"这样一看，荒谬之至！"母牛"怎么被"流传"？被"广为流传"不应该是"母牛"，应该是"母牛的故事"，属于主谓搭配不当语病。应改为："江西贵溪县一头原本默默耕田的母牛，最近因勇斗野猪救主人的故事而被广为流传。"

4. 只要把句子进行紧缩，我们就会发现病因所在了。一紧缩就变成了"神效走向世界"。"神效"怎么"走向世界"？"神效"只能"震惊"或"传遍"世界，用"走向"来搭配显然不妥，属于主谓搭配不当语病。原句应改为："蚂蚁治疗类风湿专科门诊开诊不久……小小蚂蚁的神效开始传遍世界。"

5. 句中的代词"此"，不清楚是指"嘴上说说"，还是指"要采取果断措施"，让人无法判断经济学家的看法到底是否定"嘴上说说"，还是否

定"要采取果断措施"。属于"指代不明"语病。应改为:"美国政府表示仍然支持强势美元,但这到底只是嘴上说说还是要采取果断措施,经济学家的看法是否定的。"

6. 句中的"一来到这里就有说有笑,十分高兴"既可以看作承前省略主语"孩子们"的谓语,也可以指孩子们喜欢"离休干部李大伯"的原因。可以理解为由于孩子们的到来,所以"一来到这里就有说有笑,十分高兴"是"离休干部李大伯"的行为。改为"……李大伯一来到这里,孩子们就有说有笑,十分高兴。"

7. 句中"批评的人"概念不明确,既可以指"文章所批评的人",也可以指"批评他这篇文章的人"。词义歧解,表义不清,属于词性两可所产生的歧义。应改为:"……的文章,文中批评的人很多。"

8. 这句话如果停顿在"奶奶"后面,所表示的是"我"和"姑姑"两个人当新农民;如果停顿在"姑姑"后面则表示只是"我"一个人当新农民。停顿不同,语意也不同,自然形成语病。应改为:"……我瞒着你奶奶和你姑姑,毅然决然到山西曲沃当新农民,一干就是 18 年,这是我人生的重要经历。"

9. 这一句,首先是不合逻辑。谁都知道所谓的四肢健全,就是指双手与双腿,"一条"的提法本身就不对,后面再加上一个"双腿",显然自相矛盾。

再则,后面已经有了"双腿",前面的"一条"纯属多余,应去掉。同时,"一个智慧的大脑"也应把其中的"一个"去掉,谁都知道人的大脑只有一个,不必赘述。这一句属于"数词赘余"语病。可改为:"我希望拥有健康的双腿,智慧的大脑……"

图书在版编目（CIP）数据

似是而非惹的祸：常见语病治疗／郝红编著．—贵阳：
贵州人民出版社，2013.9（2021.3重印）

ISBN 978－7－221－11279－8

Ⅰ．①似… Ⅱ．①郝… Ⅲ．①汉语－病句－中小学－
教学参考资料 Ⅳ．①G634.303

中国版本图书馆 CIP 数据核字（2013）第 201362 号

似是而非惹的祸

——常见语病治疗

郝　红　编著

出版发行	贵州出版集团　贵州人民出版社
地　　址	贵阳市中华北路 289 号
责任编辑	徐　一
封面设计	连伟娟
印　　刷	三河市腾飞印务有限公司
规　　格	850mm×1168mm　1/16
字　　数	150 千字
印　　张	12.5
版　　次	2014 年 7 月第 1 版
印　　次	2021 年 3 月第 2 次印刷

书　号：ISBN 978－7－221－11279－8　定　价：33.00 元

"快乐阅读"书系首批书目

语文知识类

秒杀错别字

点到为止
　　——标点符号的正确使用

当心错读误义
　　——速记多音字

错词清道夫

巧学妙用汉语虚词

别乱点鸳鸯谱
　　——汉语关联词的准确搭配

似是而非惹的祸
　　——常见语病治疗

难乎？不难！
　　——古汉语与现代汉语句法比较

作文知识类

议论文三步上篮

说明文一传到位

快速格式化
　　——常见文体范例

数学知识类

情报保护神——密码

来自航海的启发——球面几何

骰子掷出的学问——概率

数据分析的基石——统计

文学导步类

中国诗歌入门寻味

中国戏剧入门寻味

中国小说入门寻味

中国散文入门寻味

中国民间文学入门寻味

文学欣赏类

中国历代诗歌精品秀

中国历代词、曲精品秀

中国历代散文精品秀

语言文化类

趣数汉语"万能"动词

个人修养类

中国名著甲乙丙

世界名著 ABC